Puerto Rico 2000-2010:
Más Allá del Censo

PUERTO RICO 2000-2010: MÁS ALLÁ DEL CENSO

Raúl Figueroa Rodríguez
Rosario Rivera Negrón
Judith Rodríguez Figueroa

Demographics Assistance Group, Inc

ISBN-13: 978-1475002812

ISBN-10: 1475002815

rafigueroa78@gmail.com
(787) 675-7503

RAÚL LE DEDICA EL LIBRO A SU ESPOSA IDANIA, SUS PADRES Y SUS HERMANOS.

ROSARIO SE LO DEDICA A SU ESPOSO JUAN LUIS, A SU FAMILIA Y A SUS ESTUDIANTES. PERO SOBRE TODO A PUERTO RICO Y A LA BÚSQUEDA DE LA VERDAD, SU VERDAD.

JUDITH SE LO DEDICA A SUS PADRES RUBÉN Y JUDITH, A SUS HIJOS JUDITH MELISA, JUAN ENRIQUE Y CYNTHIA JUDITH Y MUY EN ESPECIAL A SU NIETA MARIANA ISABEL, PARA LA QUE ANHELA UN PUERTO RICO LIBRE DE VIOLENCIA.

TABLA DE CONTENIDO

LISTA DE FIGURAS

LISTA DE TABLAS

Sobre los autores

Raúl Figueroa Rodríguez

Raúl Figueroa Rodríguez estudió su bachillerato en Ciencias Generales en la Universidad de Puerto Rico, Recinto de Rio Piedras. Posee una maestría en Ciencias en Demografía de la Universidad de Puerto Rico, Recinto de Ciencias Médicas. También posee un certificado en Sistemas de Información Geográfica de la Universidad Politécnica de Puerto Rico. Ha realizado varias publicaciones en revistas académicas y medios de comunicación sobre diversos temas demográficos.

Actualmente se desempeña como asesor en asuntos demográficos y estadísticos para varias entidades tanto públicas como privadas. Fue instructor de Métodos Estadísticos en Epidemiología en la Escuela de Medicina de Ponce y conferenciante invitado en diversos cursos de demografía y técnicas de investigación en la Universidad de Puerto Rico en Rio Piedras.

Prof. Rosario Rivera Negrón

Rosario Rivera Negrón estudió su bachillerato en Economía en la Universidad de Puerto Rico, Recinto de Cayey. Posee dos maestrías: una en Comercio Internacional y otra en Economía, ambas de la Universidad de Puerto Rico, Recinto de Rio Piedras. Actualmente trabaja en su tesis doctoral en el tema de planificación estratégica del desarrollo económico con la Universidad de León en España. Ha realizado varias publicaciones en revistas y medios locales como internacionales sobre diversos temas económicos. También ha fungido como panelista en temas económicos para diversos programas de análisis político en la radio puertorriqueña.

Ha trabajado tanto en el sector público como privado, actualmente se desempeña como profesora de Economía en la Universidad de Puerto Rico de Cayey y Río Piedras, además de ser consultora en desarrollo económico, planificación y asuntos económicos. Ha sido asesora en desarrollo económico, turismo y planificación estratégica para el Municipio Autónomo de Caguas y asesora en política fiscal y presupuesto para la Comisión de Hacienda de la Cámara de Representantes de Puerto Rico. Pertenece a varias asociaciones de economistas tanto locales como internacionales.

Prof. Judith Rodríguez Figueroa

La profesora Rodríguez es demógrafa y catedrática jubilada de la Universidad de Puerto Rico, Recinto de Ciencias Médicas, Escuela Graduada de Salud Pública (EGSP).

Fue directora del Departamento de Ciencias Sociales de la EGSP, miembro de la Junta Editora de la Revista *Puerto Rico Health Sciences Journal* y una de las fundadoras del Centro Mujer y Salud del Recinto de Ciencias Médicas. Tuvo a su cargo la implantación y dirección de varios proyectos de servicio dirigidos a las personas de edad avanzada entre estos el Proyecto IESA (Intervención en Salud en Personas de Edad Avanzada).

Ha colaborado como consultora en asuntos de población para diversas entidades públicas y privadas del país. Ha publicado y presentado cientos de trabajo sobre diversos temas de población en diferentes foros locales e internacionales. Tuvo a su cargo la redacción del primer capítulo del libro de la Dra. Carmen Delia Sánchez titulado *Trabajo Social y Vejez: Teoría e Intervención* en el 1990 y fue coautora del libro *El Homicidio en Puerto Rico: Características y Nexos con la Violencia* en el 2003. Al presente tiene en proceso la publicación de un libro introductorio sobre demografía.

PREFACIO

La población de Puerto Rico disminuyó. Esos fueron los principales titulares de la prensa puertorriqueña luego de que se publicaron los primeros datos del Censo de Población y Vivienda del 2010. Esta es la primera ocasión en la historia censal del país que ocurre una reducción en el tamaño de la población de Puerto Rico. Para comprender este fenómeno es necesario examinar todas las variables que influyen o determinan el crecimiento o disminución de la población. Esto envuelve buscar más allá de los datos que genera el Negociado del Censo, dado que estos solamente ofrecen parte de la información necesaria para comprender los cambios en el tamaño y distribución de la población. Este es el propósito principal de este libro, que las personas puedan obtener información que los ayude a comprender los principales cambios demográficos y económicos ocurridos en Puerto Rico durante la década pasada.

El descenso de la población es un fenómeno común en muchos países de Europa. La razón principal para esto es que muchos de los países europeos se encuentran en la última etapa o fase de la transición demográfica[1]. No obstante, en la región de América, solamente Cuba ha experimentado un descenso en su población (Oficina Nacional de

---

[1]Es el paso a través del tiempo de unos niveles altos de natalidad y mortalidad hasta terminar en bajos niveles con un crecimiento poblacional lento o negativo.

Estadísticas República de Cuba, 2011). Dado la importancia de este evento demográfico, en este libro se analizan los factores de mayor peso en el descenso de la población de Puerto Rico.

La disminución en la población de Puerto Rico durante el periodo transcurrido entre los censos del 2000 y el 2010 fue de tal magnitud que se debe considerar como la década de las perdidas. No fue solamente la pérdida en la población, si no la pérdida de miles de empleos y la disminución en los principales indicadores económicos los que contribuyeron a este nombre. El capítulo sobre economía presenta el comportamiento de los principales indicadores económicos de Puerto Rico durante el periodo bajo estudio.

La reducción en el tamaño de la población representa un reto para un país ahogado en una de las mayores crisis económica de su historia. La reducción en población resulta, por lo general, en cambios extraordinarios en la distribución y composición de la población. Entre estos cambios, cobra gran importancia las variaciones en la estructura de edad. Entre todos los cambios en la estructura de edad, el envejecimiento de la población es el que presenta un mayor reto para Puerto Rico. El capítulo sobre el envejecimiento de la población presenta, entre otros temas, algunos de los retos asociados al incremento tanto en el tamaño como en la proporción de este sector de la población de edad avanzada en Puerto Rico.

Por último, existe una alarmante preocupación en la sociedad puertorriqueña por el asunto de la violencia y la criminalidad. Encuestas realizadas por los principales periódico del país han ubicado al crimen y la falta de seguridad ciudadana como uno de los problemas sociales más preocupantes para los puertorriqueños. En este documento se presenta el modelo salubrista como instrumento de intervención y de prevención contra la violencia. Este modelo pudiera contribuir a revertir la epidemia de la violencia que se vive en Puerto Rico.

1 SITUACIÓN DEMOGRÁFICA

— Raúl Figueroa —

1.1. La pérdida de población

La población de un país cambia constantemente; esto ocurre como resultado de la interacción de tres variables demográficas: a) la natalidad[1], b) la mortalidad, y c) los movimientos migratorios[2]. Cada una de estas tres variables, dependiendo de las circunstancias, pueden aumentar o disminuir. Por lo tanto, la interacción de estas variables puede hacer que el tamaño de la población aumente, disminuya, o permanezca igual. A su vez, estas tres variables son las responsables de determinar el ritmo de crecimiento de la población. Con el fin de conocer mejor los cambios en la población, se presentan tres posibles escenarios que describen la interacción de estas tres variables.

---

[1]La natalidad se refiere al número de nacimientos vivos en un población durante un periodo de tiempo determinado.

[2]Los movimientos migratorios causan la salida de personas (emigración) o la llegada de personas (inmigración) con la intención de establecerse en una área geográfica determinada.

El primer escenario presenta un aumento en la población. Para que la población aumente, la suma total de los nacimientos vivos y las personas que inmigran[3] tiene que ser mayor que la suma total de las defunciones y las personas que emigran[4]. El segundo escenario es lo opuesto al primero, en este se presenta una reducción en la población tal como sucedió en Puerto Rico. Para que la población disminuya la suma total de las defunciones y las personas que emigran tiene que ser mayor que la suma total de los nacimientos vivos y las personas que inmigran. Finalmente, el tercer escenario presenta una población constante, o sea que ni aumenta ni disminuye. En este caso, la suma total de los nacimientos vivos y las personas que inmigran es igual a la suma total de las defunciones y las personas que emigran (Figura 1.1).

Figura 1.1: Relación entre la natalidad, mortalidad y migración con el cambio en la población

EVENTO		RESULTADO
Nacimientos e inmigración	**>** Defunciones y emigración **=**	Aumento de la población
Nacimientos e inmigración	**<** Defunciones y emigración **=**	Disminución de la población
Nacimientos e inmigración	**=** Defunciones y emigración **=**	No hay cambios en la población

---

[3]Persona que llegan (entran) a un área geográfica determinada con la intención de establecerse en ese lugar.

[4]Persona que salen de un área geográfica determinada con la intención de establecerse en otro lugar.

Cada 10 años, el Negociado del Censo de los Estados Unidos realiza en Puerto Rico, al igual que en los Estados Unidos, un Censo de Población y Vivienda (Censo) cuyo propósito primordial es el conteo de todas las personas y unidades de viviendas de un lugar determinado. En los Estados Unidos, la información producida por el Negociado del Censo se utiliza para la distribución entre los estados de los escaños en la Cámara de Representantes (Negociado del Censo de los EEUU, 2011b). En Puerto Rico, la Junta Constitucional de Revisión de Distritos Electorales Senatoriales y Representativos, utiliza la información del Censo para revisar la composición geográfica de los distritos senatoriales y representativos del país (Junta Constitucional de Revisión de Distritos Electorales Senatoriales y Representativos, 2011). Además, los datos del Censo se utilizan para la distribución de fondos (por ejemplo Medicaid), la planificación de servicios públicos, y la identificación de necesidades en la población, entre otros.

Según los resultados del Censo más reciente, al primero de abril de 2010, el conteo de la población de Puerto Rico arrojó una cifra de 3,725,789 habitantes (Negociado del Censo de los EEUU, 2011a). Esta cifra del año 2010 fue más baja que la registrada en el año 2000. La reducción fue de 82,821 habitantes o el equivalente al 2.2% de la población total (Negociado del Censo de los EEUU, 2011a). Esta es la primera ocasión en la historia censal del país que se reduce la población entre dos periodos censales. En los Estados Unidos, el estado de Michigan fue el único que experimentó una disminución en la población entre los años 2000 y 2010. El descenso fue de un 0.6% lo que le costó a Michigan perder un escaño en la Cámara de Representantes de los Estados Unidos (Flesher, 2010).

Los estimados intercensales preparados por el Negociado del Censo de los Estados Unidos, señalan que la población de Puerto Rico comenzó a reducirse a partir del año 2004, cuando se estimó la población en 3,826,878 habitantes (Negociado del Censo de los EEUU, 2011c). Esto quiere decir que en un periodo de seis años, entre julio del 2004

3

y julio del 2010, hubo una pérdida de 100,000 habitantes en Puerto Rico, la que equivale a un 2.6% de la población. La mayor pérdida de población ocurrió entre julio del año 2006 y julio del año 2007, año en el cual el país perdió 22,219 habitantes (Figura 1.2).

**Figura 1.2: Población de Puerto Rico,
julio de 2000 a julio de 2010**

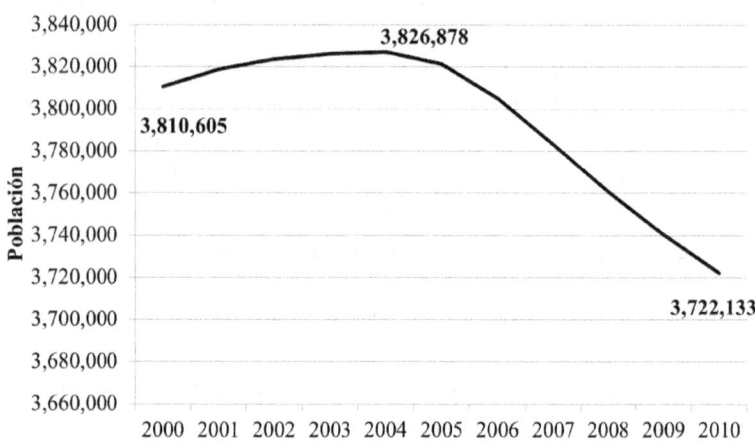

Fuente: Negociado del Censo de los EEUU (2011), Estimados Intercensales 2000-10

Del análisis de los datos de población por municipio, se encontró que 42 de los 78 municipios de Puerto Rico registraron una pérdida poblacional entre los últimos dos años censales. Según los datos del Censo, el municipio de Ceiba perdió aproximadamente una cuarta parte de su población durante este periodo. Una explicación para esta reducción fue el cierre de la Estación Naval Roosevelt Roads en el año 2004. No obstante, el municipio de San Juan fue el de mayor pérdida de habitantes ya que en el año 2010 habían 39,048 personas menos que en el año 2000.

Mientras San Juan fue el municipio con la mayor pérdida de habitantes, Gurabo fue en términos proporcionales, el municipio con el

4

mayor incremento en la población. En el año 2010 habían 8,626 residentes más en el municipio de Gurabo en comparación con el año 2000 (Tabla A.1 del Apéndice). Esta ganancia en la población fue de un 23.5%. En la Figura 1.3 se puede observar que los municipios con los mayores por cientos de pérdidas en la población se encontraban localizados en el área oeste del país, mientras los de mayores aumentos se encontraban hacia la parte este del país.

Con el fin de conocer los factores que contribuyeron a los cambios demográficos en el tamaño y distribución de la población de Puerto Rico durante el periodo de estudio, se examinó el comportamiento de la natalidad, la mortalidad y la migración. En las próximas secciones se presenta como cada una de estas variables demográficas se comportaron e interaccionaron entre sí para que ocurrieran los cambios mencionados previamente.

Figura 1.3: Por ciento de cambio en la población entre los Censos de 2000 y 2010

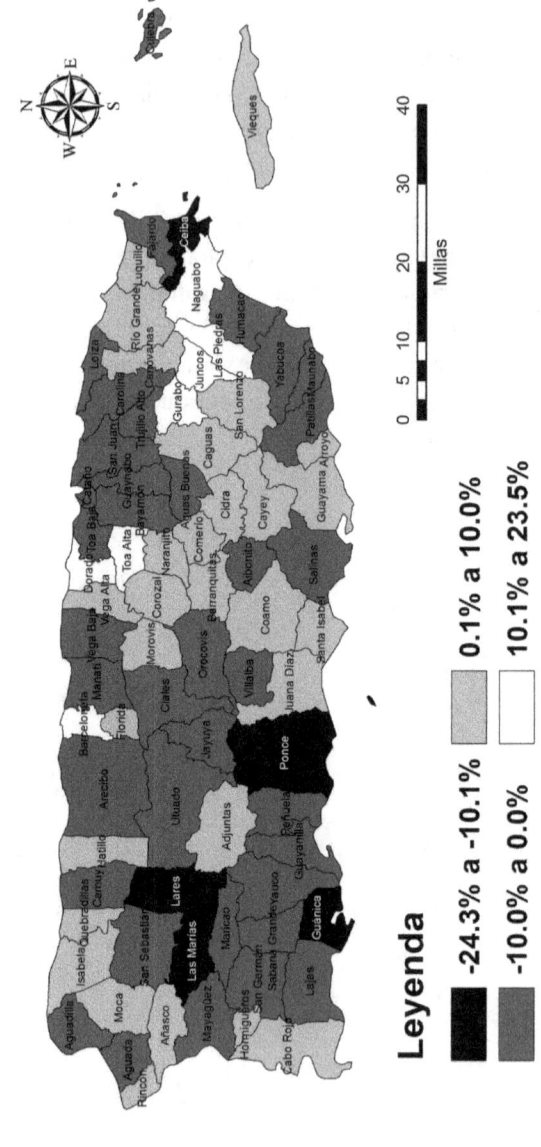

Leyenda

- ■ -24.3% a -10.1%
- ▨ 0.1% a 10.0%
- ▨ -10.0% a 0.0%
- □ 10.1% a 23.5%

Fuente: Negociado del Censo de los EEUU, Censos de Población y Viviendas 2000 y 2010

1.2. Determinantes de la pérdida poblacional

1.2.1. Natalidad

La natalidad es una variable demográfica biológica que en su definición más básica se refiere al número de hijos que tienen las mujeres. Estos términos se utilizan por lo general para referirse a los nacimientos vivos solamente (Swanson y Siegel, 2004). La Organización de las Naciones Unidas (ONU) define un nacimiento vivo de la siguiente manera:

> Es la expulsión o extracción completa del cuerpo de la madre prescindiendo de la duración del embarazo, de un producto de la concepción que, después de tal separación, respire o manifieste cualquier otro signo de vida, tal como el latido del corazón, pulsaciones del cordón umbilical, o movimiento efectivo de músculos voluntarios, haya o no haya sido cortado el cordón umbilical y esté o no unida la placenta; cada producto de tal alumbramiento se considera nacido vivo (Naciones Unidas, 2003).

Según datos del Departamento de Salud, los nacimientos vivos en Puerto Rico disminuyeron considerablemente entre los años 2000 y el 2010. En el año 2000, nacieron en el país 59,460 infantes. Esta cifra se redujo a 42,195 nacimientos vivos en el año 2010[5], para un descenso de 29% (Departamento de Salud, 2011). La disminución en el número de nacimientos vivos en este periodo de tiempo fue significativa, siendo uno de los factores principales en la reducción de la población en Puerto Rico.

Existen varias razones para la reducción tan drástica en los nacimientos. Una de estas es que las mujeres puertorriqueñas están retrasando el tener sus hijos para un periodo más tarde en su ciclo reproductivo.

---

[5]Los datos del año 2010 son preliminares.

Para el año 2000, la mediana de edad de las mujeres en Puerto Rico que tuvieron su primer hijo fue de 22 años. Sin embargo, para el año 2008, esta mediana de edad había aumentado a 25 años; un incremento de 3 años en la mediana en solo 8 años. Un cambio similar se observó en las mujeres que contrajeron matrimonio por primera vez. Basado en estos datos se observa por parte de las mujeres en Puerto Rico un incremento en las edades al contraer matrimonio y en la edad al momento de tener hijos. Esto puede estar relacionados con los cambios en el rol de la mujer puertorriqueña, dado que en el presente la mujer esta participando más activamente en la fuerza laboral del país.

Paralelamente a las reducciones en los matrimonios celebrados se observa un alza en el número de nacimientos vivos donde las madres no están casadas legalmente. Para el año 2008, solo el 38.8 % de los de los nacidos vivos tenían padres casados legalmente (Departamento de Salud, 2011). No existe la menor duda que la institución del matrimonio en Puerto Rico ha perdido importancia entre la población que esta en edades reproductivas, por lo que otras formas de arreglos de pareja seguirán cobrando mayor importancia en el futuro. Mientras tanto, a pesar de la reducción en los matrimonios, los divorcios se mantienen más o menos constantes (Figura 1.4).

La disminución en el total de nacimientos vivos en Puerto Rico, ocurrió en todos los grupos de edad de la madre. Por ejemplo, las madres adolescentes (menos de 20 años) son prueba evidente de esta reducción. Para el año 2008 la tasa específica de fecundidad para el grupo de madres adolescentes fue de 56.9 por cada 1,000 mujeres de 15 a 19 años, lo que representaba una disminución de 21.2 % en la tasa en comparación con el año 2000 (72.2 por cada 1,000 mujeres de 15 a 19 años). Esto significa que por cada 1,000 mujeres entre 15 y 19 años de edad, ocurren cerca de 57 nacimientos vivos. Esto contradice la creencia general de que los nacimientos en madres adolescentes han continuado en aumento. En la Figura 1.5 se puede observar como el

Figura 1.4: Matrimonios y divorcios, Puerto Rico 2000-2008

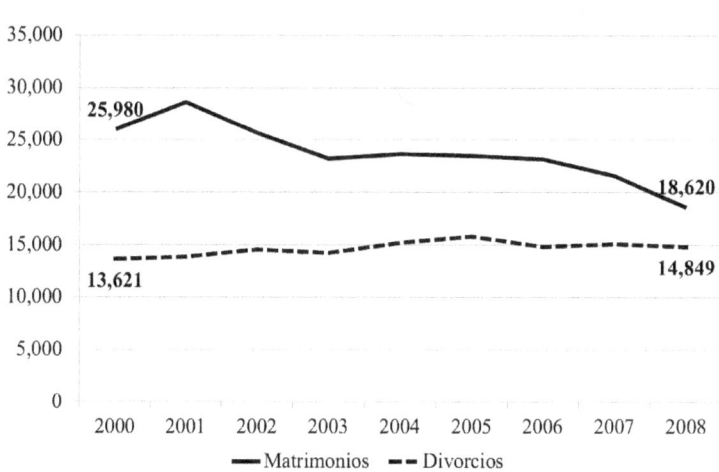

Fuente: Departamento de Salud, Informes Anuales de
Estadísticas Vitales 2000-2008

resto de las tasas específicas de fecundidad para las madres de 20 años
en adelante también se redujeron, pero no con la misma magnitud que
para el grupo de las madres adolescentes.

Aunque la fecundidad de las mujeres en Puerto Rico muestra un patrón descendente, el método del parto continua siendo tema de gran
preocupación en el campo de la salud. El método de parto se refiere
a si este ocurre de manera vaginal natural o a través del método qui-
rúrgico conocido como cesárea. Entre los años 2000 y el 2008, la tasa
de partos por cesáreas aumentó de 39.1 % a 48.5 % (Departamento de
Salud, 2011). Este porcentaje tan alto de nacimientos por este método
es de mucha preocupación dado que la Organización Mundial de la
Salud (OMS) entiende que la ocurrencia de partos por cesárea no debe exceder el 15 % de todos los nacimientos vivos del país (Fortaleza,
1985).

9

Según la OMS, la cesárea es una cirugía que solo debe realizarse bajo indicación médica. Esta organización indica que el riesgo de ingresar en una Unidad de Cuidados Intensivos es 10 veces mayor después de una cesárea electiva planificada en contraste con un parto vaginal natural (Lumbiganon y cols., 2010).

Figura 1.5: Tasas específicas de fecundidad, Puerto Rico 2000 y 2008

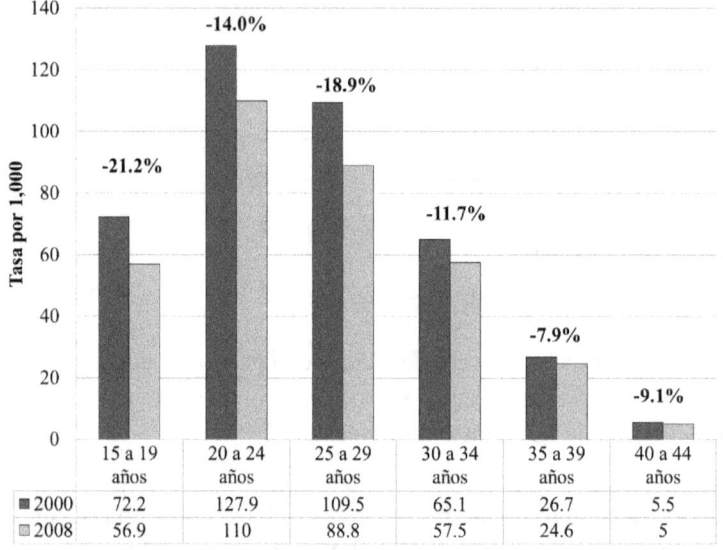

	15 a 19 años	20 a 24 años	25 a 29 años	30 a 34 años	35 a 39 años	40 a 44 años
2000	72.2	127.9	109.5	65.1	26.7	5.5
2008	56.9	110	88.8	57.5	24.6	5

Fuente: Departamento de Salud, Informes Anuales de Estadísticas Vitales 2000 y 2008

Los hallazgos de algunos estudios indican que parte del aumento en las cifras de los partos por cesáreas obedece a la solicitud de la madre por este tipo de parto. En un estudio similar realizado en Puerto Rico se encontró que el 14% de las mujeres que tuvieron hijos en Puerto Rico entre el 1990 y el 1996 solicitaron tener un parto por cesárea (Rodríguez-Ayuso, 2003).

10

1.2.2. Mortalidad

La mortalidad, al igual que la natalidad, es una variable demográfica de naturaleza biológica. La mortalidad contrarresta el efecto de la natalidad en el tamaño de la población. Mientras la natalidad aumenta el tamaño de la población, la mortalidad la reduce. La muerte (defunción) es un evento irreversible que la Organización de las Naciones Unidas define de la siguiente manera:

> La desaparición permanente de todo signo de vida, cualquiera que sea el tiempo transcurrido desde el nacimiento con vida (cesación post-natal de las funciones vitales sin posibilidad de resucitar). Por tanto, esta definición excluye las defunciones fetales (Naciones Unidas, 2003).

La cifra de personas fallecidas en Puerto Rico durante los años 2000 al 2010 fluctuó entre las 28,000 y 30,000 defunciones. Esto demuestra que los niveles de mortalidad permanecieron más o menos iguales mientras que la natalidad se redujo extraordinariamente durante el periodo bajo estudio. En la medida que los nacimientos vivos excedan la cifra de defunciones se experimentará un crecimiento biológico o natural positivo en la población. El crecimiento natural o biológico se refiere a la diferencia entre los nacimientos y las defunciones. Si la diferencia entre las variables biológicas se reduce, el crecimiento natural de la población también se reduce. Sin embargo, si las defunciones exceden los nacimientos vivos, el tamaño de la población se reduce por efecto de un crecimiento natural negativo (Figura 1.6).

El crecimiento natural registrado en Puerto Rico entre el 1 de julio de 2000 y el 1 de julio de 2010 fue de 208,949 habitantes[6]. Esta cifra indica el exceso de nacimientos vivos sobre las defunciones registradas. En ausencia de migración, esta cifra representaría el incremento

---

[6]Este dato es estimado dado que los datos de nacimientos y defunciones del 2009 y 2010 son preliminares.

11

total de la población durante ese periodo de tiempo. Para los periodos censales de 1990-2000 y 1980-1990, el crecimiento natural fue de 346,850 y 435,320 habitantes, respectivamente. Estos datos indican que el crecimiento natural entre el 2000 y el 2010, se redujo en más de 135 mil habitantes en contraste con la década anterior y a menos de la mitad con respecto a la década del 1980 al 1990. En algunos países un crecimiento biológico como el que se registró en Puerto Rico en la década del 2000 hubiese sido suficiente para registrar una aumento en la población debido a la poca importancia de la migración en la determinación el ritmo de crecimiento de la población de estos. En el caso de Puerto Rico, en donde la migración juega un papel determinante en el crecimiento de la población, el balance neto migratorio negativo excedió el crecimiento natural provocando una disminución en el tamaño de la población.

Figura 1.6: Relación del crecimiento natural con los nacimientos y las defunciones

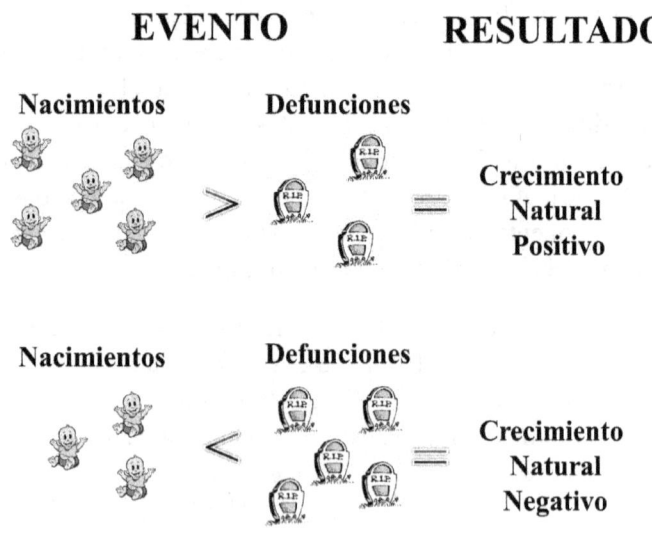

12

A pesar del descenso tan extraordinario en los nacimientos, el crecimiento natural en Puerto Rico se ha mantenido positivo y se espera que continúe de esta manera por los próximos años. No obstante, debido al envejecimiento cada vez mayor de la población, que se discute en detalle en el Capítulo 3, es de esperar que las muertes en un futuro excedan los nacimientos vivos. Este fenómeno está a punto de ocurrir en algunos de los municipios del país con estructuras de edad sumamente viejas, como es el caso del municipio de Hormigueros. En este municipio para el año 2008 se registraron casi la misma cantidad de defunciones que de nacimientos vivos.

Algunos de los países de Europa exhiben un crecimiento natural negativo. Rusia es uno de estos país en donde las defunciones superan a los nacimientos. Esto se debe en parte al envejecimiento de la población y a un alza en las muertes violentas en los jóvenes en ese país (Eberstadt, 2004). Puerto Rico presenta una tendencia similar con relación al envejecimiento de la población donde es de esperar un incremento en las defunciones por motivo de un elevado por ciento de personas viejas, así como un alza en las muertes violentas en la población joven. Estos cambios demográficos podrían resultar en que Puerto Rico sea uno de los primeros países de América con cifras de mortalidad mayores que los nacimientos.

Principales Causas de Muerte

Los datos más recientes sobre las causas de muerte indican que las seis principales causas de muerte en Puerto Rico son de naturaleza crónica y degenerativa. La principal causa de muerte son las enfermedades del corazón, seguida de los tumores malignos (cáncer) y la diabetes mellitus (Instituto de Estadísticas de Puerto Rico, 2010a). Este orden de importancia numérica de las primeras tres causas de muerte se ha mantenido inalterado durante varias décadas.

La causa de muerte de mayor incremento entre los años 2000 y 2008

13

fue la enfermedad de Alzheimer. Esta causa de muerte pasó de una novena posición a una cuarta en el orden de importancia numérica de las principales causas de muerte (Instituto de Estadísticas de Puerto Rico, 2010a). Según se observa en la Figura 1.7, esta causa de muerte aumentó a más del doble entre los años 2000 y 2008. El incremento debido a esta causa de muerte fue mucho más marcado en las féminas que en los varones (Instituto de Estadísticas de Puerto Rico, 2010a).

Del análisis de los datos sobre las causas de muerte se desprende que el cáncer podría convertirse en la principal causa de muerte en un futuro cercano. La razón principal para ese posible cambio en posición responde a la reducción constante de las muertes acreditadas a las enfermedades del corazón (Figura 1.7).

El cambio en el orden de importancia de las principales causas de muerte es evidente en algunos de los municipios del país. En el año 2000 el cáncer era la primera causa de muerte en solo nueve municipios de Puerto Rico. Sin embargo, para el año 2008 se le habían sumado otros 20 municipios a esta lista, totalizando 29 municipios en donde el cáncer prevalece como la primera causa de muerte (Figura 1.8).

Hasta este momento, el análisis de las causas de muerte se ha enfocado en la cifra total de fallecidos en cada una de las principales causas de muerte. No obstante el análisis de mortalidad puede ser más abarcador e incluir el riesgo o probabilidad de morir por estas condiciones de salud. El riesgo de muerte para una causa específica se determina mediante el uso de tasas de mortalidad. La tasa de mortalidad para una causa específica se calcula dividiendo el total de muertes debido a dicha causa entre la población a riesgo de morir por esa causa. Aunque todas las personas, independientemente de la edad, están a riesgo de fallecer por enfermedades de naturaleza crónicas y degenerativas, es una realidad que las personas de mayor edad tienen una probabilidad mayor de morir por estas causas que las personas más jóvenes.

**Figura 1.7: Principales Causas de Muertes en Puerto Rico,
Total de Muertes 2000-2008**

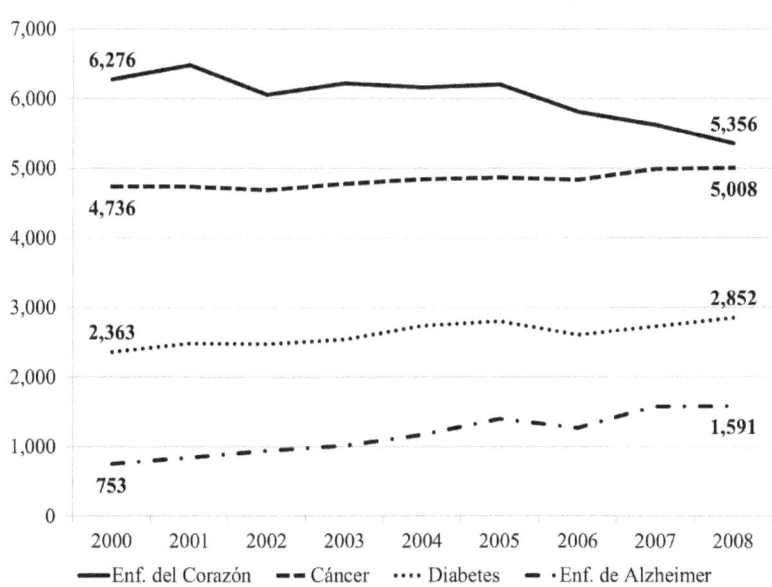

Fuente: Instituto de Estadísticas de Puerto Rico (2010),
Nuevas Estadísticas de Mortalidad

Figura 1.8: Primera causa de muerte por municipio, Puerto Rico 2000 y 2008

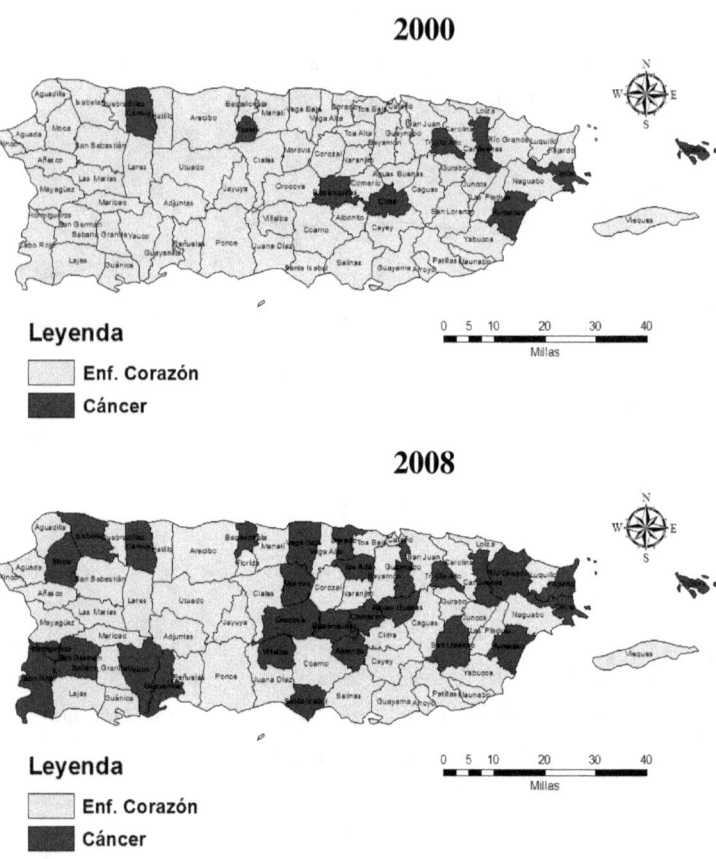

Fuente: Instituto de Estadísticas de Puerto Rico (2010), Nuevas Estadísticas de Mortalidad

16

Por tanto, un aumento en la cantidad de personas de edades avanzadas provoca a su vez un incremente en el total de defunciones debido a este tipo de causa de muerte. Debido a este fenómeno, la variable edad tiene un efecto en las tasas crudas de mortalidad que hay que tomar en consideración al momento de analizar los datos, especialmente al momento de realizar comparaciones entre distintas áreas geográficas o entre diferentes años para una misma área geográfica.

Mediante el uso de la metodología de ajuste o estandarización de tasas es posible disminuir considerablemente el efecto de la variable edad en el computo de las tasas de mortalidad. Estos ajustes en las tasas se tienen que realizar porque las estructuras de edades de dos áreas geográficas por lo general no son iguales y cambian a través del tiempo. Por lo tanto, no se deben comparar las tasas de mortalidad de distintas áreas geográficas o de distintos años a no ser que se ajusten por edad.

Esto se puede observar al comparar las tasas crudas y las tasas ajustadas por edad[7] que preparó el Instituto de Estadísticas de Puerto Rico (Tabla A.2 del Apéndice). Estas tasas indican, que si la estructura de edad de la población del año 2008 hubiese sido más joven, el riesgo de morir por estas causas hubiese sido menor y habrían ocurrido menos muertes[8]. No obstante, como para el 2008 la estructura de edad de la población era mucho más vieja, el total de muertes debido a estas causas aumentó. Por tal razón, de continuar el proceso de envejecimiento de la población como hasta el momento, es de esperar un aumento en las cifras de personas fallecidas en Puerto Rico.

---

[7]Las tasas ajustadas por edad se utilizan para comparar las tasas en diferentes años o áreas geográficas. Lo que se busca con esto es comparar las tasas en igualdad de condiciones. El resultado son tasas hipotéticas como si ambas áreas tuvieran estructuras de edades similares.

[8]El Instituto de Estadísticas de Puerto Rico utilizó la población estándar del año 2000 para los Estados Unidos para el ajuste en las tasas. El Instituto creo tasas hipotéticas asignándole a cada años la misma estructura de edad que la población estándar. Esto reduce el efecto de la edad al comparar las tasas por año.

17

1.2.3. Migración

La migración (movimientos migratorios) es la variable demográfica que presenta las mayores dificultades para su estudio. La migración es una forma de movilidad geográfica o espacial que implica un cambio en la residencia habitual entre unidades geográficas claramente definidas (Swanson y Siegel, 2004). Los movimientos migratorios se clasifican como externos (internacionales) o internos dependiendo del lugar de origen y de destino de los migrantes. En términos demográficos, estas categorías representan los dos tipos principales de movimientos poblacionales.

- **Externa o internacional** es el movimiento a través de fronteras nacionales. Se designa como emigración desde el punto de vista de la nación desde donde se origina el movimiento (sale) e inmigración desde el punto de vista de la nación receptora (entra).

- **Interna** es el movimiento dentro de las fronteras de un país determinado.

De acuerdo a Swanson y Siegel (2004), la distinción entre la migración externa e interna no siempre es clara porque los territorios no autónomos, como es el caso de Puerto Rico, tienen algunas pero no todas las características de estados independientes. Dependiendo del propósito de las estadísticas y en el momento de la migración y las características de los migrantes, algunas personas podrían clasificar los movimientos entre Puerto Rico y los Estados Unidos como migración interna o externa (Swanson y Siegel, 2004). A nuestro entender, los movimientos migratorios desde y hacia Puerto Rico deben clasificarse como migración externa, independientemente si el movimiento es hacia los Estados Unidos u otro país. No obstante, es importante tener en cuenta que otras personas pudiesen clasificar la migración entre Puerto Rico y los Estados Unidos como interna. En el caso de Puerto Rico, la migración interna por lo general es la que corresponde a los movimientos de personas desde y hacia otros municipios.

La medición de los movimientos migratorios desde y hacia Puerto Rico es un ejercicio de gran dificultad, debido principalmente a la relación política de Puerto Rico con los Estados Unidos. Debido a nuestra situación política, el control de la entrada y salida de las personas al territorio puertorriqueño recae en el Gobierno de los Estados Unidos. Los puertorriqueños como ciudadanos de los Estados Unidos pueden viajar libremente a cualquiera de los estados, lo que dificulta el poder determinar la cantidad exacta de personas que entran y salen de Puerto Rico con la intensión de establecerse en los Estados Unidos. Un estudio del Instituto de Estadísticas de Puerto Rico, estimó en más de 300,000 los residentes de Puerto Rico que emigraron (salieron) a Estados Unidos entre los años del 2005 al 2009. De igual formal, este mismo estudio estimó en 160,000 las personas que inmigraron (entraron) a Puerto Rico (Instituto de Estadísticas de Puerto Rico, 2010b). El significado de esto es que en términos netos, entre el 2005 y el 2009, Puerto Rico perdió sobre 140,000 habitantes debido a la migración externa hacia los Estados Unidos.

Con los datos disponibles del Censo del 2010 es posible calcular uno de los indicadores de migración más certeros, conocido como el balance neto migratorio (BNM). El balance neto migratorio es la diferencia entre el cambio en la población y el crecimiento natural en un periodo determinado. Asumiendo que los datos de la población y los eventos vitales estén correctos, este indicador brinda el balance entre las personas que salieron y entraron a un país en un periodo de tiempo determinado. La formula para calcular el balance neto migratorio es la siguiente:

BNM = Cambio en Población - Crecimiento Natural

Para el periodo de 2000 a 2010 seria equivalente a:

$$BNM_{(2000-10)} = (Pob_{2010} - Pob_{2000}) - (Nac_{2000-10} - Def_{2000-10})$$

Sustituyendo por la diferencia en población y el crecimiento natural entre julio de 2000 y julio de 2010, obtenemos lo siguiente:

$$BNM_{(2000-10)} = -88,472 - 208,949 = -297,421$$

Si los datos de los Censos son correctos, este número indica que en términos netos, Puerto Rico perdió casi 300,000 mil personas en la década del 2000 a causa de la migración. No existe la menor duda que la migración jugó un papel determinante en la reducción de la población de Puerto Rico durante la pasada década. De igual forma, si el Instituto de Estadísticas de Puerto Rico estimó en 300,000 las personas que emigraron a los Estados Unidos entre el 2005 y el 2009, es de suponer que la emigración a los Estados Unidos durante el periodo completo del 2000 al 2010 sobrepasó las 500,000 personas, con una migración de retorno que no llego a la mitad de los que salieron del país.

Una de las principales interrogantes que surgió cuando el Negociado del Censo de los Estados Unidos publicó la población de Puerto Rico para el año 2010 fue, ¿en que momento aumentó la emigración? Esto dado de que para que la población se redujera era necesario un movimiento migratorio fuera de Puerto Rico a gran escala. Se observa en la Figura 1.9 como la emigración neta[9] (balance neto migratorio

---

[9]Aunque la emigración representa perdida, lo colocamos como el total de emigrantes en forma positiva, esto facilita mostrar su relación con el crecimiento natural.

negativo) se mantuvo en cerca de 20,000 personas anuales entre los años 2000 y 2004. Después del año 2004 se observó un aumento en la emigración neta que tuvo su punto máximo entre los años 2006 y 2007 con una balance neto migratorio que sobrepasaba los 41,000 emigrantes. Esta cifra es el doble de lo observado a principios de la década y la razón principal para la reducción en la población de Puerto Rico.

Es evidente del análisis de la Figura 1.9, como a partir del año 2004 la emigración neta sobrepasó el crecimiento natural. Este es el momento en el tiempo en donde comienza el descenso de la población de Puerto Rico. Aunque se observa una disminución en la emigración neta a partir del año 2006, esta cifra se mantiene mucho más alta que el crecimiento natural, razón por la que continua la pérdida de la población de Puerto Rico durante el resto del periodo (2007-2010).

Como consecuencia de la emigración de personas de Puerto Rico hacia los Estados Unidos se observan cambios notables en el estado de la población. Las características demográficas de los emigrantes constituyen un tema de gran interés por las consecuencias en el orden social, económico y político del país. Según el estudio del Instituto de Estadísticas de Puerto Rico, los emigrantes de Puerto Rico hacia los Estados Unidos son en su mayoría personas jóvenes, lo que a su vez contribuye significativamente a un envejecimiento cada vez más acelerado de la población. El estudio del Instituto de Estadísticas indicó que la mediana de edad de los emigrantes no sobrepasaba los 30 años, cifra que esta por debajo de la mediana de edad de la población residente en Puerto Rico.

Mientras aproximadamente medio millón de personas abandonaban el país, la mediana de edad de la población residente en Puerto Rico aumentó de 32.1 años en el 2000 a 36.9 años en el 2010 (Negociado del Censo de los EEUU, 2011a). Esto quiere decir que la mitad de la población del país en el año 2010 tenia 37 años o más de edad y la otra mitad menos de 37 años. El aumento en la mediana de edad fue

21

**Figura 1.9: Emigración neta vs crecimiento natural,
Puerto Rico 2000-2010**

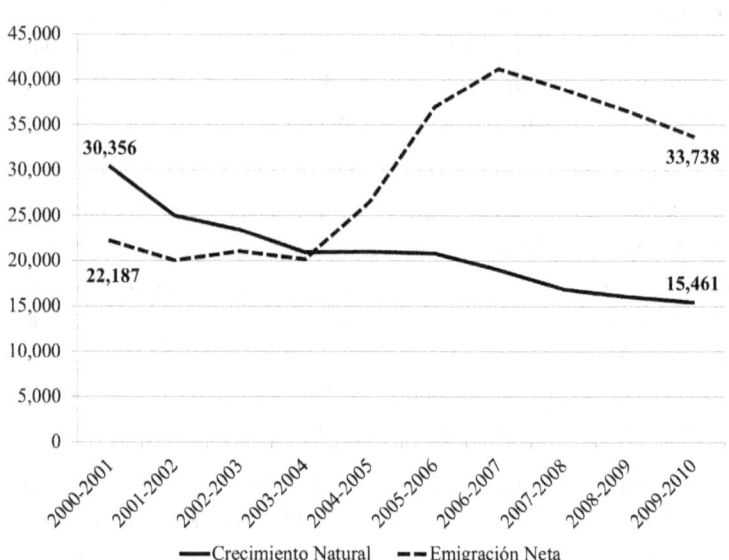

Fuente: Negociado del Censo de los EEUU y Departamento de Salud de PR

mucho más marcado en los municipios del área este del país en donde la diferencia en las medianas de edad entre los años 2000 y 2010 en algunos casos superó los 7 años (Figura 1.10). Este fue el caso del municipio de Ceiba con un aumento de 7.6 años en la mediana de edad, Maricao (7.1 años) y Maunabo (7 años). Estas diferencias tan marcadas en la mediana de edad no serían posibles sin el efecto de los movimientos migratorios.

Los movimientos migratorios también han sido un factor de importancia para que la proporción de la población de 65 años o más de edad en Puerto Rico se haya duplicado de 7% a 14% en menos de 40 años (Figura 1.11). Este tiempo de duplicación fue menor que lo que le tomó a muchos de los países desarrollados de Europa. A algunos de estos países le tomó más de 85 años duplicar el por ciento de la población de 65 años o más de edad de 7% a 14% (Schoeni y Ofstedal, 2010).

En adición a esto, otro reto para la sociedad puertorriqueña es la reducción en la población en edades reproductivas y de trabajo. Según los datos de los Censos del 2000 y 2010, el grupo de edad de 15 a 34 años se redujo en 111,516 habitantes, equivalente a una reducción de 9.7%. Esta cifra que representa la perdida de personas jóvenes en edades productivas durante la pasada década fue mayor que la reducción de la población total del país durante todo el periodo de estudio.

Figura 1.10: Incremento en años en la mediana de edad por municipio, periodo intercensal del año 2000 al 2010

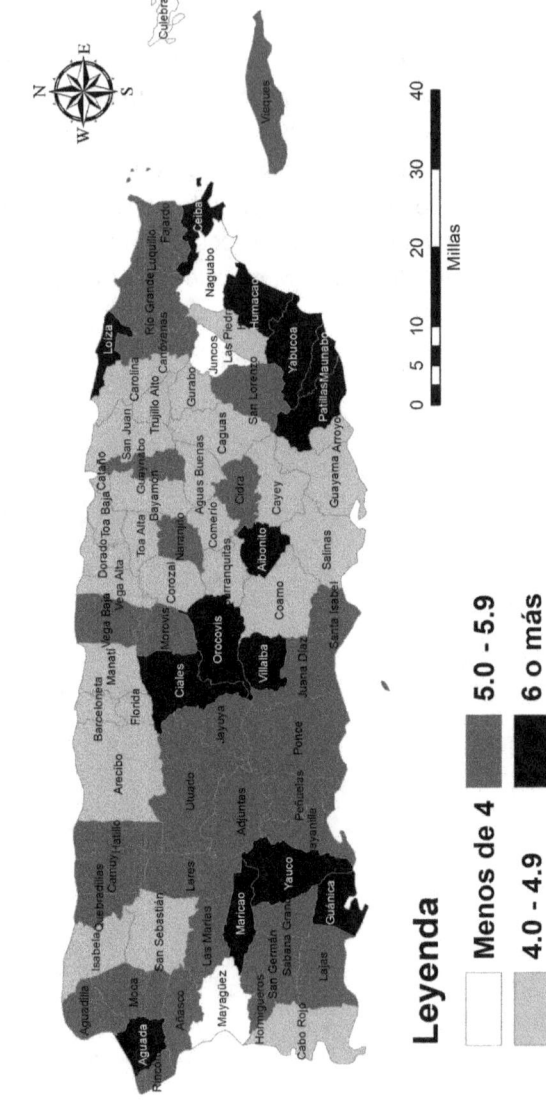

Leyenda

Menos de 4	5.0 - 5.9
4.0 - 4.9	6 o más

Fuente: Negociado del Censo de los EEUU, Censos 2000 y 2010

**Figura 1.11: Por ciento de población con 65 años o más,
Puerto Rico 1950-2010**

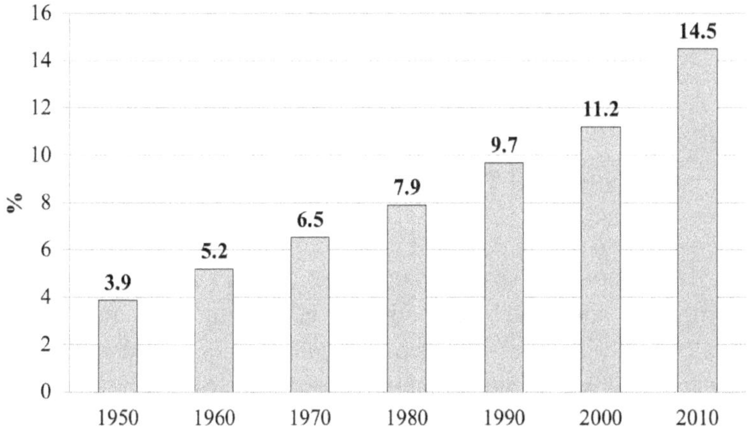

Fuente: Negociado del Censo de los EEUU, Censos de 1950 a 2010

En el estudio sobre la migración que realizó el Instituto de Estadísticas se encontró que en términos de escolaridad, los emigrantes tuvieron un nivel educativo relativamente mayor que los inmigrantes. En específico, los emigrantes registraron un por ciento mayor en la categoría de educación terciaria o más (educación universitaria) que los inmigrantes. Posiblemente es prematuro considerar estos movimientos migratorios como una fuga de talentos. Sin embargo, de continuar la tendencia de perdida de personas jóvenes con educación universitaria por motivos de la emigración, la situación podría convertirse en un problema serio para la sociedad puertorriqueña.

Todos estos movimientos migratorios se producen por que existen uno o varios factores de empuje en el lugar de origen donde vivía la persona que emigra y uno o varios factores de atracción en el lugar de destino. La falta de empleo, la criminalidad, los problemas en el sistema de educación pública y la inestabilidad política, son algunos de los factores de empuje en Puerto Rico que parecen haber contribuido con

25

la emigración masiva durante la década del 2000 al 2010. Es posible que algunas medidas gubernamentales que se tomaron durante la pasada década, como el cierre gubernamental y la implementación de la Ley #7 también hayan sido factores de empuje para algunos emigrantes.

1.3. De cara al futuro

Los datos demográficos indican que el tamaño de la población de Puerto Rico continuará descendiendo en el futuro cercano. Basado en la trayectoria de los datos en la pasada década, es de esperar que los nacimientos continúen disminuyendo en los próximos años y que un aumento en el número de personas de edad avanzada provoque un incremento en la cantidad de fallecidos, reduciendo aún más el crecimiento natural de la población. La dificultad mayor estriba en proyectar los movimientos migratorios en los próximos años. La migración será la variable demográfica de mayor importancia en la determinación del crecimiento de la población puertorriqueña. No obstante, esta presenta una gran incertidumbre porque depende en gran medida de los factores de empuje y atracción en los lugares de origen y de destino respectivamente. La facilidad con que un puertorriqueño puede desplazarse hacia los Estados Unidos y regresar complica grandemente el poder proyectar el crecimiento y el tamaño de la población.

Tomando en consideración las tendencias y asumiendo un panorama optimista, se elaboró una proyección de población hasta julio del año 2020. Para esta proyección, se asumió que los nacimientos continuarían disminuyendo, aunque a un nivel un poco más lento que la década pasada. Se hizo la proyección asumiendo una reducción en los nacimientos que para el año 2020 colocaría la cifra en aproximadamente 34,800 nacimientos vivos, o el equivalente a 17.7% menos en comparación con el año 2010. En cuanto a mortalidad, esta se proyectó asumiendo un leve aumento cada año hasta llegar a 31,730 en el año 2020. Para la emigración se estableció una disminución gradual hasta llegar a un balance neto migratorio de 12 mil emigrantes para el año 2020.

Como resultado de este ejercicio matemático se proyectó que el tamaño de la población de Puerto Rico continuara su ruta descendente hasta llegar a aproximadamente unos 3,598,095 habitantes para julio del año 2020 (Figura 1.12). Esta reducción en la población equivale a una cifra aproximada de 124 mil personas menos en comparación con julio del año 2010. En cuanto a la variable edad, se espera que la mediana de edad de la población de Puerto Rico alcance los 40 años en el año 2019. Por otro lado, la población de 60 años o más sería de aproximadamente 873 mil personas en el año 2020 y conformaría casi una cuarta parte de la población total de Puerto Rico en ese año. La población de 60 años o más, de acuerdo a estas proyecciones, sobrepasaría la cifra del grupo de la población menor de 20 años, que estaría constituido por 820 mil habitantes en el año 2020 (Figura 1.13).

Es importante señalar que aun haciendo uso de unos supuestos optimistas, se espera que la población de Puerto Rico continúe disminuyendo en los próximos años. Solamente una reducción significativa de la emigración o un aumento en la inmigración podría revertir esta tendencia demográfica. Será necesario la búsqueda de estrategias que permitan y faciliten la creación de empleos para que los miles de desempleados en el país no tomen la decisión de emigrar. De los contrario, será inevitable la salida de personas del país debido a la existencia de múltiples factores de empuje y la escasez de factores de atracción.

Figura 1.12: Proyección de población de Puerto Rico, julio 2010 a julio 2020

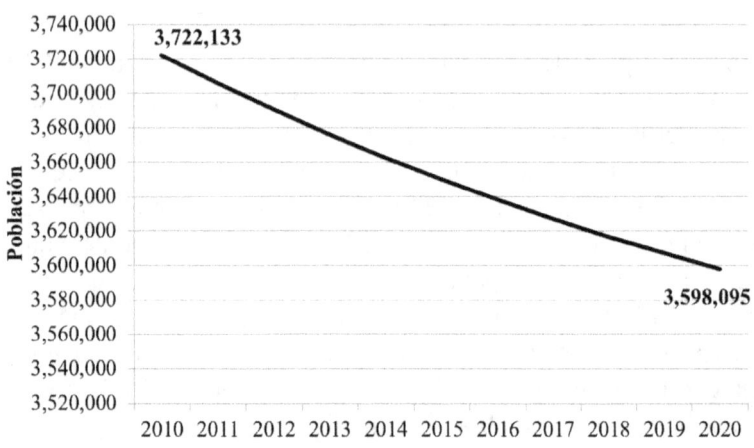

Figura 1.13: Proyección de población menor de 20 años y de 60 años o más Puerto Rico, julio 2010 a julio 2020

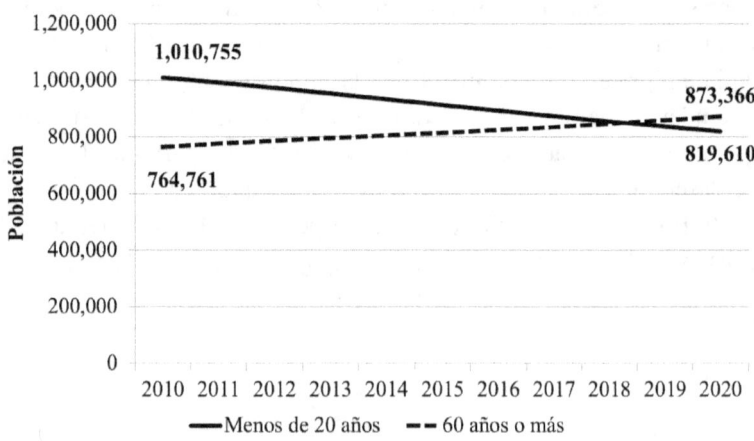

28

2 Situación Económica

— Rosario Rivera Negrón —

2.1. Una década de grandes retos económicos

A una década de haber comenzado un nuevo siglo, Puerto Rico se encuentra en el presente ante una encrucijada histórica. Por primera vez desde que se estrenó el modelo de desarrollo industrial en la década de 1950, transcurrieron diez años sin crecimiento económico. No sólo nuestra economía ha experimentado un estancamiento económico que no conoce precedentes, sino que atraviesa un período de seria contracción y erosión de la capacidad productiva con tasas de crecimiento negativas consecutivas desde el año 2006.

Desde 1974 al presente, la economía de Puerto Rico ha experimentado fluctuaciones, con diversos períodos de expansión y contracción en sincronía con la trayectoria económica de Estados Unidos, la cual ha sido impactada severamente por las crisis mundiales y su influencia en los precios del petróleo. Sin embargo, esa sincronía con respecto a la economía estadounidense y mundial ha ido desapareciendo y pone de relieve la distorsiones económicas, políticas y sociales que hasta el presente habían ocupado el asiento trasero del análisis económico puertorriqueño y que por tanto tiempo se pensó respondían a características cíclicas de la economía.

A la altura del año 2012, Puerto Rico atraviesa una de sus más severas recesiones económicas. Desde febrero del año 2006, oficialmente el país atraviesa la segunda recesión de la presente década, la mayor en duración (sobre 68 meses) comparada con la recesión del 1980-83 que hasta el momento había sido la recesión más duradera y profunda (32 meses). Entre algunos de los factores endógenos y exógenos responsables de esta profunda crisis económica, podemos destacar los siguientes:

1. Problemas de carácter estructural (escasa competitividad y productividad).

2. Modelo económico con capacidad productiva limitada.

3. Un sector privado contraído.

4. Reducción y eventual desaparición de los incentivos contributivos otorgados por el sistema federal y que sostenía el sector manufacturero (Sección 936 del Código de Rentas Internas de Estados Unidos y Sección 30-A). Esto provocó el cierre de importantes centros de trabajo y la pérdida sostenida de empleo en el sector y una reducción en las exportaciones.

5. Aumentos en el precio del petróleo, de los costos energéticos, en los servicios básicos, imposición de un nuevo impuesto de consumo (Impuesto de Ventas y Uso) y aumentos en el precio de los alimentos. Esto ha provocado un encarecimiento del costo de vida y una reducción del poder adquisitivo del puertorriqueño.

6. Dificultades fiscales, aumento de la deuda pública y el déficit que provocaron un cierre gubernamental con graves consecuencias.

7. Crisis financiera y económica de Estados Unidos desde el

2007-08 y la eventual crisis mundial.

8. Deterioro de la imagen de negocios de Puerto Rico y la capacidad para atraer capital manufacturero nuevo.

9. Alto nivel de corrupción política en el manejo de los fondos públicos.

10. "Politización" de la política económica por el alto nivel de polarización político-partidista imperante en Puerto Rico.

A partir de enero de 2009, se aprobaron medidas fiscales que aceleraron el ciclo recesivo, a saber:

1. Aprobación de una nueva deuda pública para financiar el plan de reducción gubernamental e inyectar dinero a la economía mediante planes de estímulo económico.

2. Aprobación de la *Ley de Emergencia Fiscal* (Ley #7) que puso en marcha un plan de reducción del presupuesto gubernamental mediante una reducción drástica del empleo público y la aprobación de 18 impuestos adicionales dirigidos a paliar la insuficiencia fiscal y el déficit.

Estas medidas contribuyeron a: a) un aumento en el desempleo, b) una contracción adicional en el sector privado (en diversos sectores tales como las ventas al detal, la construcción, el sector inmobiliario, la banca, entre otros), c) una aceleración en la caída del Producto Bruto y d) un incremento en el costo de vida, entre otros efectos procíclicos.

En términos agregados, el decrecimiento económico experimentado entre el 2006 y el 2010, equivale a una contracción acumulada del Producto Nacional Bruto (PNB)[1] de aproximadamente un 11.4%. Al

---

[1] Representa el valor en el mercado, durante un periodo de tiempo determinado, de la producción económica de bienes y servicios originada por los residentes nacionales de un País.

cierre del primer trimestre del año natural 2011 (tercer trimestre del año fiscal que comenzó en Junio de 2010), más allá de una recesión cíclica, Puerto Rico enfrenta una seria crisis estructural de fondo y una depresión económica que está vinculada a la obsolescencia y notable colapso del modelo económico vigente.

Durante los primeros cinco años de la década se experimentó una reducción constante de las tasas de crecimiento del Producto Nacional Bruto hasta el año 2006 cuando el Producto Nacional Bruto Real comienza a presentar tasas constantes de decrecimiento hasta el presente. La desaceleración y el decrecimiento económico en Puerto Rico durante el período de referencia también se evidencia en las cifras de indicadores importantes como el Producto Interno Bruto y la Inversión interna bruta de capital fijo, los datos de empleo y desempleo, y los ingresos, entre otros, los que veremos en detalle en la próxima sección.

No sólo hemos perdido una década completa de crecimiento económico sino que Puerto Rico ha sido testigo de un retroceso social dramático evidenciado por variables sociodemográficas importantes, tales como: a) baja participación laboral, b) alto desempleo, c) aumento en la dependencia a programas de asistencia del Estado, d) un alto número de familia bajo niveles de pobreza, e) alta emigración, f) crisis en el sistema de pensiones, g) aceleramiento del envejecimiento de la población, y h) un vertiginoso aumento en el número de asesinatos, crímenes y drogadicción, entre otros graves asuntos sociales.

2.2.   La economía en números

Para tener un panorama más amplio de la situación actual de la economía de Puerto Rico, incluimos una serie de indicadores económicos que estimamos relevantes para establecer la trayectoria de nuestra economía a partir del año 2000 y hasta el 2010.

2.2.1. Producto Nacional Bruto

Para estimar el crecimiento de la economía de Puerto Rico se utiliza el indicador del Producto Nacional Bruto (PNB) a precios constantes de 1954. El Producto Nacional Bruto al cierre del año 2010 se colocó en su nivel más bajo desde el comienzo de la década, tal como se presenta en la Figura 2.1.

**Figura 2.1: Trayectoria del Producto Nacional Bruto 2000-2010
A precios constantes de 1954 (En dólares)**

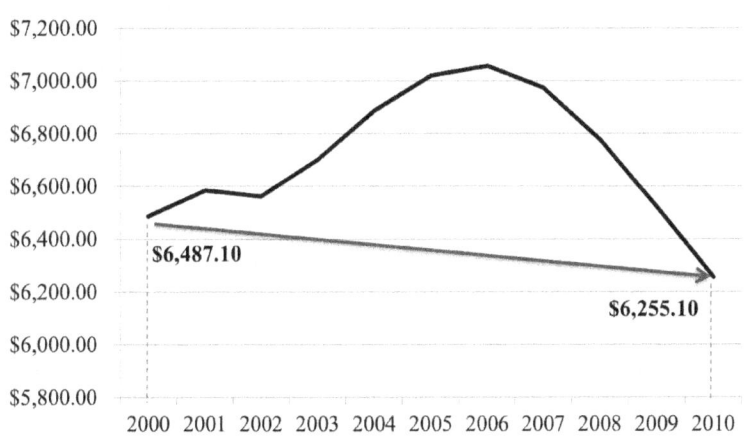

Fuente: Junta de Planificación de Puerto Rico

Tal como se indicara anteriormente, durante los primeros cinco años de la década se experimentó una reducción constante en las tasas de crecimiento del Producto Nacional Bruto que al año 2006, año en que oficialmente comenzó la recesión, empiezan a tornarse negativas. La Figura 2.2 ilustran las tasas de crecimiento desde el inicio de la década hasta el cierre del año 2010. La pérdida acumulada del Producto Nacional Bruto a partir del 2006 hasta el cierre del año 2010 fue de 11.4 %.

33

Figura 2.2: Crecimiento del Producto Bruto 2000-2010
A precios constantes de 1954 (En dólares)

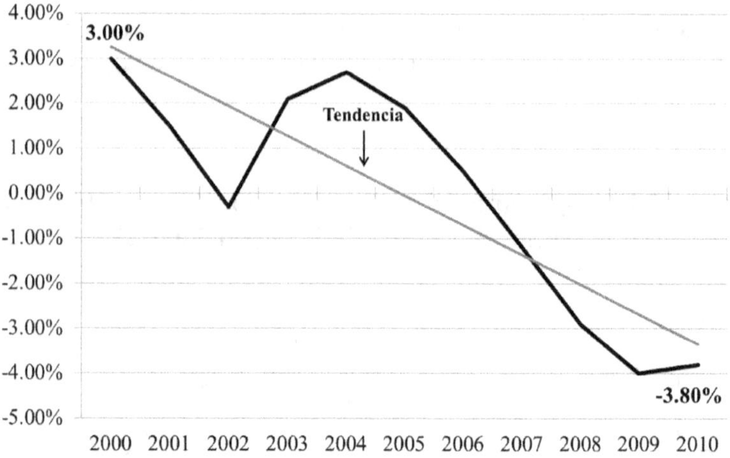

Fuente: Junta de Planificación de Puerto Rico

El Producto Nacional Bruto per cápita[2] (a precios corrientes) durante el periodo 2000-2010 se mantuvo en el promedio de $13,928 dólares. Mientras, el Producto Nacional Bruto per cápita (a precios constantes de 1954) promedió $1,757 dólares. La trayectoria del Producto Nacional Bruto per cápita muestra una caída constante a lo largo de la década, como se ilustra en la Figura 2.3.

La información estadística respecto al Producto Nacional Bruto demuestra un cuadro de recesión profunda y prolongada, duplicando la recesión más aguda de nuestra economía moderna experimentada en la década del 80 (1980-83), periodo en el cual la caída acumulada del Producto Nacional Bruto alcanzó el 5.1% y la duración fue de unos 32 meses. La actual recesión presenta una caída acumulada de 11.4%

---

[2]El Producto Nacional Bruto per cápita indica qué parte del Producto Nacional Bruto del país correspondería a cada persona si se dividiera por igual. Representa el ingreso medio de los ciudadanos del país (Banco Mundial).

34

Figura 2.3: Producto Nacional Bruto per cápita
A precios constantes de 1954 (En dólares)

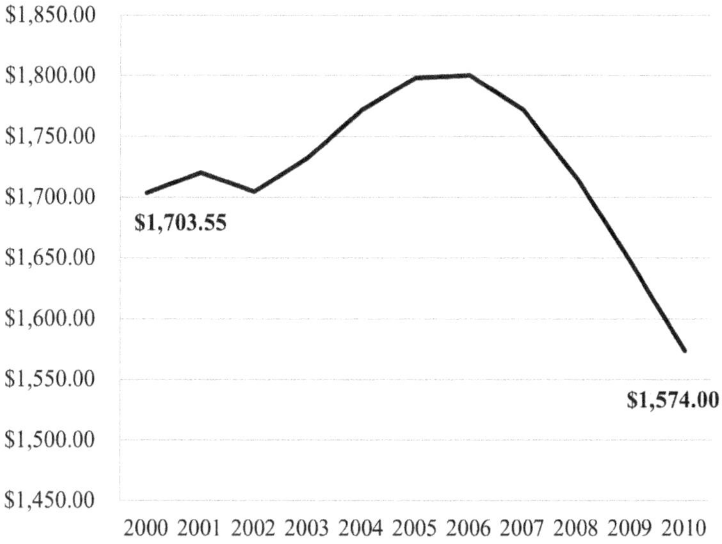

Fuente: Junta de Planificación de Puerto Rico

que sobrepasa los 68 meses de duración.

2.2.2. Producto Interno Bruto

El Producto Interno Bruto[3] (PIB) contabiliza la producción en dólares de todos los sectores productivos de la economía, tanto de nacionales como extranjeros: comercio, manufactura, servicios y agricultura. En términos del Producto Interno Bruto, durante el periodo del 2000 al 2010, mantuvo un crecimiento promedio del 4%. Para los años 2008,

---

[3]Representa el valor en el mercado, durante un periodo de tiempo determinado, de la producción total de bienes y servicios de los residentes de un país, tanto nacionales como extranjeros.

35

2009 y 2010, los datos económicos acusan una leve desaceleración en el crecimiento del Producto Interno Bruto. A precios constantes de 1954, la tasa de crecimiento del Producto Interno Bruto se posicionó por cuatro años consecutivos en terreno negativo (Tabla 2.1).

Tabla 2.1: Tasas de crecimiento del Producto Interno Bruto: 2000-2010

Año	Tasa de crecimiento del PIB (a precios corrientes)	Tasa de crecimiento del PIB (a precios constantes de 1954)
2000	7%	3%
2001	12%	6%
2002	3%	1%
2003	4%	0%
2004	6%	3%
2005	5%	1%
2006	4%	0%
2007	3%	-2%
2008	5%	-2%
2009	3%	-2%
2010	1%	-2%

Fuente: Junta de Planificación de Puerto Rico

La caída y duración de este profundo cuadro recesivo evidenciado por la trayectoria del Producto Nacional Bruto y el Producto Interno Bruto, ambos en sus distintas modalidades y en conjunto con otros indicadores que serán presentados más adelante, definen la existencia de un escenario de depresión económica[4]. La desaceleración y el decrecimiento económico en Puerto Rico durante el período de referencia también se evidencian en las cifras de algunos de los componentes de las cuentas de producto e ingreso más relevantes que veremos a continuación.

---

[4]En el año 2009, cuando la proyección de crecimiento colocaba la pérdida acumulada del Producto Nacional Bruto sobre el 10%, se planteó desde la Junta de Planificación un escenario de depresión económica.

36

2.2.3. Inversión Interna Bruta de Capital Fijo: Construcción e Inversión

La inversión interna bruta de capital fijo se desglosa en dos componentes: la industria de construcción y la inversión en maquinaria y equipo. Históricamente, la industria de la construcción ha sido uno de los sectores más importantes y observados al hablar del desempeño de nuestra economía por conexión e impacto en otros sectores de la economía. La inversión en maquinaria y equipo refleja la innovación y el cambio tecnológico que promueven la expansión a corto plazo y el crecimiento económico a mediano/largo plazo. Durante el periodo del 2000 al 2010, la trayectoria de la inversión interna bruta de capital fijo total presentó una tendencia sostenida de decrecimiento, tanto en la construcción como en la inversión en maquinaria y equipo (Figura 2.4).

**Figura 2.4: Inversión Interna Bruta de Capital Fijo 2000-2010
Años fiscales (En millones de dólares)**

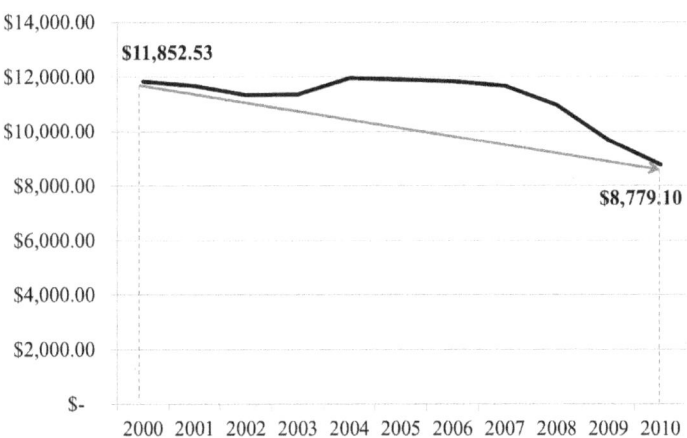

Fuente: Junta de Planificación de Puerto Rico

Al desglosar la variable de inversión, la industria de la construcción (pública y privada) evidencia una marcada reducción en sus variables importantes durante el periodo de 2000-2010: empleo y permisos de construcción (número y valor).

El empleo en el sector de la construcción durante los primeros siete años de la década se mantuvo en el promedio de 86,000 empleos. Sin embargo, desde el 2007 hasta el 2010 se experimentó una reducción marcada y sostenida en dicha variable, tal como se muestra en la Figura 2.5.

Figura 2.5: Empleo en Construcción 2000-2010
Años fiscales (En miles)

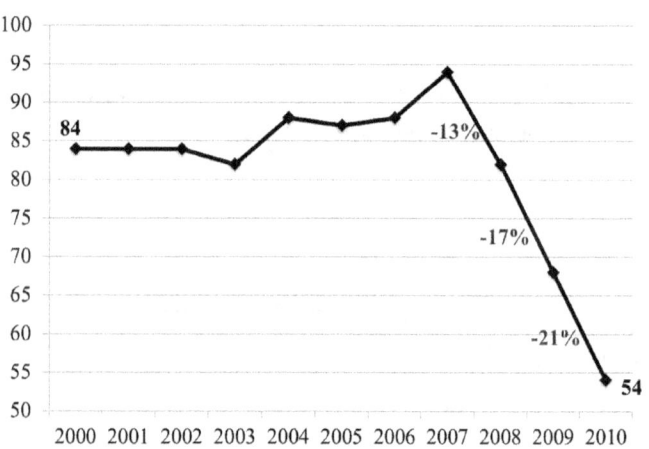

Fuente: Junta de Planificación de Puerto Rico

La pérdida absoluta de empleos en la industria de la construcción durante la década fue 30,000 empleos. Al observar las variables respecto al número total de permisos de construcción y su valor, la tendencia de caída desde el 2007 se sostiene, aunque con algunas variaciones y magnitudes. En el caso del número total de permisos, las caídas continúan en terreno negativo pero a tasas menores con cada año, aunque en terreno de doble dígito (Tabla 2.2).

Tabla 2.2: Tasas de cambio: Número y Valor de los Permisos de Construcción, Años Fiscales 2000-2010

Año	Tasa de cambio del número total de permisos de construcción	Tasa cambio del valor de permisos de construcción
2000	n/d	n/d
2001	2%	25%
2002	0%	-27%
2003	6%	22%
2004	7%	8%
2005	-3%	0%
2006	-3%	-4%
2007	-5%	-22%
2008	-12%	13%
2009	-21%	-28%
2010	-15%	-29%

Fuente: Junta de Planificación de Puerto Rico

2.2.4. Manufactura y exportaciones

El sector de manufactura en Puerto Rico, continúa siendo el principal sector de producción en términos de su importancia relativa respecto al Producto Interno Bruto. Durante el 2000-2010, el sector de manufactura constituyó entre el 40% y el 46% del Producto Interno Bruto Real[5], aún cuando se evidencia una reducción sostenida, tanto en empleo como en horas de producción. El empleo se ha mantenido estable en alrededor de los 90 mil puestos de trabajo. Aunque se han visto signos de estabilización en el empleo y en las promociones, aún falta

---

[5]Estimado utilizando el deflactor del Producto Interno Bruto.

39

para que se presente de forma inequívoca una clara tendencia de estabilización y recuperación en el sector manufacturero en Puerto Rico. Por un lado, en el 2010 las promociones experimentaron un aumento de 45% con respecto al 2009, pero para el mismo periodo el empleo experimentó una reducción del 9% (Figura 2.6).

**Figura 2.6: Empleo y promociones: Manufactura
Años fiscales 2000-2010**

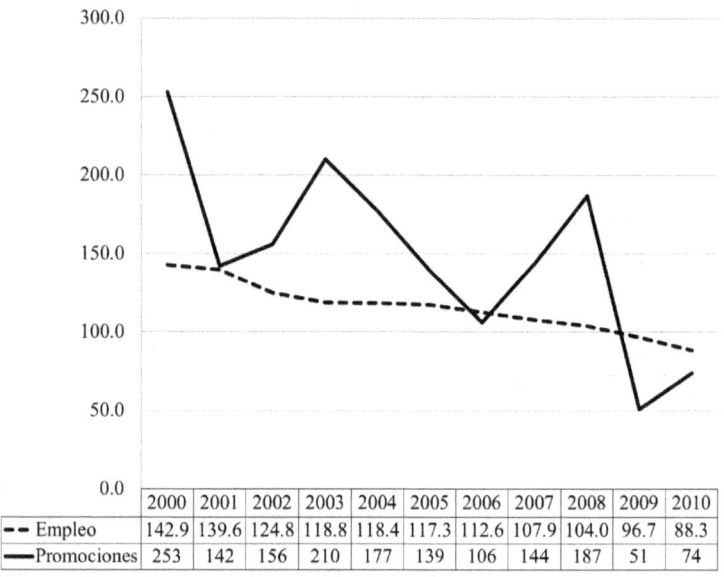

	2000	2001	2002	2003	2004	2005	2006	2007	2008	2009	2010
- - Empleo	142.9	139.6	124.8	118.8	118.4	117.3	112.6	107.9	104.0	96.7	88.3
—Promociones	253	142	156	210	177	139	106	144	187	51	74

Empleo en miles y promociones en horas
Fuente: Compañía de Fomento Industrial

Las horas de producción en manufactura han mantenido una reducción promedio de alrededor del 4% desde el 2006, año en que comenzó oficialmente la recesión. Durante este periodo, fue el año 2009 el de mayor reducción (8%). No se tienen datos disponibles del 2010 al momento de escribir esta información.

**Figura 2.7: Horas en Manufactura Años
fiscales 2000-2009 (En miles)**

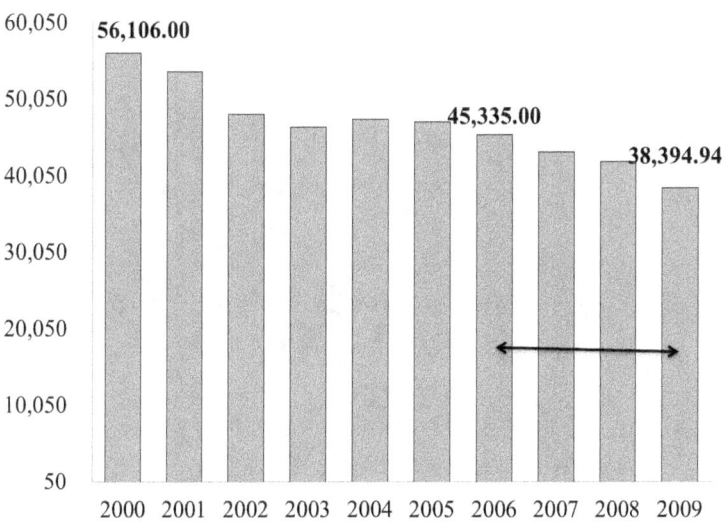

Fuente: Compañía de Fomento Industrial

La manufactura históricamente ha sido el sector de más peso en la base exportadora de Puerto Rico. Durante el 2000-2010 se mantuvo esta tendencia, siendo la manufactura responsable por el 99% de las exportaciones totales. En este sector se destaca el subsector de Químicos, con un promedio de 70% del total de las exportaciones del sector (Figura 2.8).

**Figura 2.8: Exportaciones de Manufactura: Químicos
Años fiscales 2000-2010**

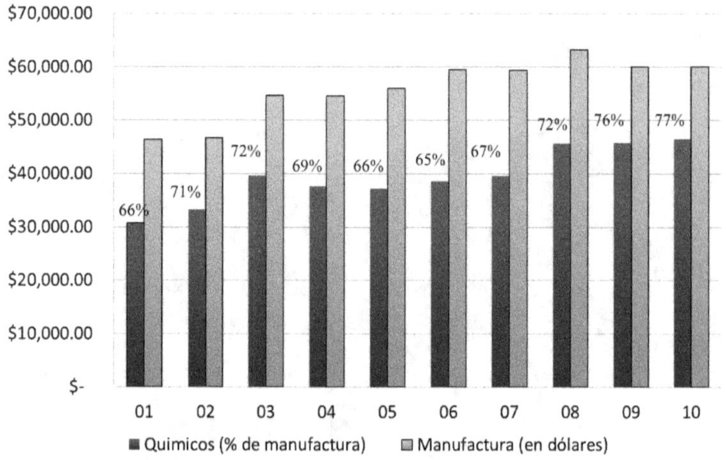

Fuente: Compañía de Fomento Industrial

2.2.5. Turismo

La industria turística en la pasada década ha tenido un desempeño mixto debido a la recesión local y la recesión en Estados Unidos entre el 2008 y el 2010. El mercado norteamericano ha sido históricamente el *target market* de la industria turística local. La economía norteamericana entró en recesión en diciembre del año 2007 como secuela de la crisis financiera e hipotecaria, según declarado oficialmente por el

Negociado Nacional de Investigación Económica (NBER, en inglés)[6]. Dicha recesión tuvo su fin oficial en junio del año 2009. Precisamente, los datos sobre el número de visitantes, luego de una caída abrupta durante el período de recesión, muestran leves signos de recuperación a partir del año 2009. El gasto de visitantes se ha mantenido constante a lo largo de la década, si observamos dicha variable a precios corrientes.

Tabla 2.3: Turismo: Indicadores destacados,
Años fiscales 2000-2010

Año	Número de Visitantes (En miles)	Gastos de Visitantes (En millones)	Tasa de Ocupación Hotelera (en %)	Tasa de Ocupación Paradores (en %)
2000	n/d	n/d	73.01	49.15
2001	4,907.80	$2,728.10	68.43	49.48
2002	4,364.10	$2,486.40	63.35	46.18
2003	4,402.30	$2,676.60	66.82	46.32
2004	4,889.20	$3,024.00	71.24	45.24
2005	5,072.80	$3,238.60	69.87	44.25
2006	5,022.10	$3,369.30	70.00	41.39
2007	5,062.40	$3,413.90	70.72	42.37
2008	5,213.10	$3,535.00	69.68	40.55
2009	4,782.50	$3,472.80	65.51	35.89
2010	4,872.40	$3,598.20	67.39	36.90

Fuente: Junta de Planificación de Puerto Rico

Sin embargo, cabe señalar que la tendencia de la industria según expertos hoteleros ha sido de altas tasas de ocupación de alrededor de 67.5%, pero a tarifas por debajo del costo operacional lo que representa una seria presión sobre la administración de las hospederías en términos de creación de empleos, nómina, gastos operaciones y consumo.

---

[6]NBER es una organización sin fines de lucro dedicada al estudio comprensivo de la economía. El Business Cycle Dating Committee del NBER mantiene el registro de los ciclos económicos de la economía estadounidense.

2.2.6. Ingreso, consumo y ventas al detal

La economía puertorriqueña se destaca por ser una de alto consumo. A precios corrientes, el consumo constituyó un 90% del Producto Nacional Bruto. De manera similar, la variable consumo constituyó un 95% del ingreso personal y un 99% del ingreso personal disponible. El promedio de la década se colocó en 101%, lo que significa que los puertorriqueños gastaron $1.01 por cada $1.00 de ingreso disponible. Dicha tendencia se mantuvo por encima del 100% entre los años 2003 y 2007, año en que dicho patrón comenzó a declinar hasta llegar a 99%.

Figura 2.9: Ingreso personal disponible y gastos de consumo
Años fiscales 2000-2010 (En miles de dólares)

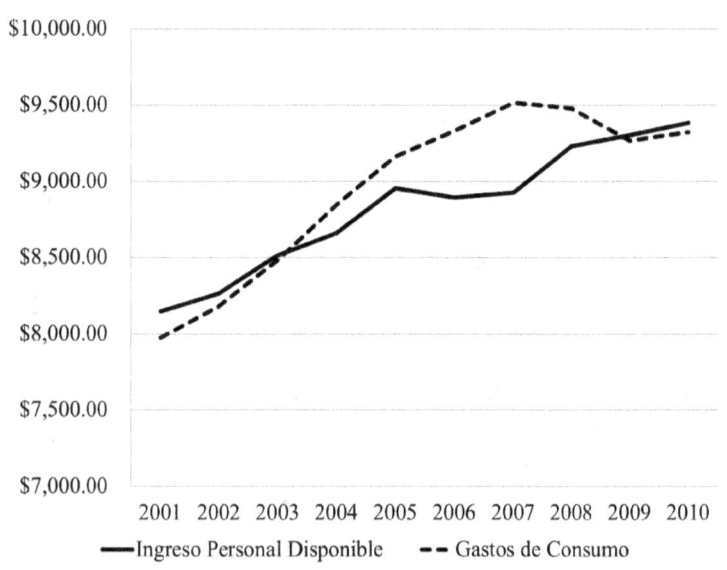

Fuente: Junta de Planificación de Puerto Rico

Uno de los componentes de mayor observación en cuanto al desempeño de la variable consumo, y de la economía en sí misma, es el

44

indicador de ventas al detal. Para el indicador de ventas al detal solamente contamos con datos a partir del año 2005. En ese año entró en vigor una nueva muestra para el recogido de datos en la Compañía de Comercio y Exportación. Durante el periodo disponible de datos (2005-2011) las ventas al detal han experimentado leves reducciones en los años 2009 y 2010, un leve repunte durante del año 2011, que básicamente coloca las ventas al detal al mismo nivel del año 2009 (Tabla 2.4).

Tabla 2.4: Ventas al detal, Años fiscales 2000-2010

Año	Ventas al Detal (En miles)	Tasa de cambio
2005	$34,159,880	n/d
2006	$35,171,547	2.96%
2007	$34,775,789	-1.13%
2008	$34,996,249	0.63%
2009	$34,852,668	-0.41%
2010	$34,296,106	-1.60%

Fuente: Junta de Planificación de Puerto Rico

El ingreso personal de los puertorriqueños se subdivide en tres categorías: compensación a empleados (sueldos), ingresos procedentes de la propiedad y pago de transferencias. Al examinar la trayectoria particular de cada componente, observamos lo siguiente:

1. La compensación a empleados ha experimentado una reducción acumulada de 3.17% desde el año 2008.

2. Los ingresos procedentes de la propiedad se han reducido de 2009 a 2010 en un 2%.

3. Los pagos de transferencias mantienen su tendencia de aumento de año en año.

45

Aunque las reducciones en compensación a empleados se colocan entre el 2.53 % (2009) y 0.44 % (2010), más que la magnitud de la reducción debemos mantener en observación la tendencia a la disminución del componente de salarios.

En el caso de los ingresos procedentes de la propiedad, las partidas responsables de la reducción han sido los dividendos de corporaciones locales y los intereses recibidos por las personas. Estas características del ingreso evidencian la presencia de un ciclo recesivo estructural, más aun si acompañamos el análisis con la tendencia de los activos financieros de las personas en la pasada década.

2.2.7. Activos de las personas y deuda privada

Una de las principales características de un ciclo recesivo estructural (depresión económica), es la reducción en la riqueza de las personas. Durante la pasada década, los activos financieros personales mantuvieron una tendencia positiva con una tasa de crecimiento promedio del 9 % (entre el 6 % y el 12 %). No es hasta el año 2009 cuando se desacelera súbitamente esa tasa de crecimiento reduciéndose al 1 % para cerrar el año 2010 con una pérdida del 12 % del valor de los activos financieros. Dicha reducción puntualiza la pérdida, en un año, de aproximadamente unos $6,500 millones de dólares en activos. Esta característica coincide con la severa transformación que experimentó la banca puertorriqueña en los pasados dos años y que culminó con la quiebra y eventual desaparición (por adquisición) de tres instituciones bancarias principales en PR: Westernbank, Eurobank y RG Premier Bank. Por último, destaca la significativa reducción de un 23 % en los depósitos en instituciones bancarias al cierre del año 2010, lo que representa $7,645 millones de dólares menos depositados en tales instituciones. Por otro lado, otros sectores financieros han visto un aumento en el renglón de ahorros entre los cuales se encuentran las cooperativas, la Asociación de Empleados del ELA, fondos públicos

46

de pensión, entre otros. Sin embargo, estos aumentos apenas totalizan $1,074 millones de dólares.

En términos de la deuda privada, entre los años 2003 y 2008 la deuda de los consumidores experimentó aumentos de entre un 1 % y un 9 %. Para los años 2009 y al cierre del 2010, la deuda privada mostró reducciones consecutivas de 0.09 % y 3.04 %, respectivamente. Para ambos años, la reducción de la deuda vino por el lado de la deuda con bancos comerciales y compañías de préstamos personales pequeños. No obstante, sectores como AEELA, cooperativas, fondos públicos de pensión, seguros, establecimientos de venta condicional, y cuentas de crédito rotativas y de plazo diferido, han experimentado crecimientos sostenidos durante la década.

2.2.8. Mercado laboral: empleo y desempleo

Durante el periodo 2000-2010 el mercado laboral ha mostrado una contracción sostenida, reflejado en las variables de empleo total, grupo trabajador y participación laboral. Por otro lado, la tasa de desempleo se mantiene en cifras de dos dígitos, cerrando el 2010 con una tasa de 16 %. El alto y creciente desempleo sostenido, en conjunto con una tasa de empleo y de participación en niveles históricos, evidencian la débil situación de la estructura económica y la presencia de un cuadro de depresión económica.

Al evaluar las estadísticas del mercado laboral, es preciso hacer un análisis conjunto de las variables pues las reducciones o aumentos en una u otra inciden entre sí. Primeramente, describiremos la tendencia del periodo y luego qué nos dicen al ser analizadas en conjunto.

Los datos del mercado laboral en Puerto Rico se recogen en varios instrumentos estadísticos desde el Departamento del Trabajo y Recursos Humanos. Los dos instrumentos más importantes y utilizados son la Encuesta del Grupo Trabajador que mide las características de empleo, desempleo, fuerza laboral, participación laboral y niveles de auto-empleo en la población civil no institucional de 16 años o más, y la Encuesta de Empleo Asalariado-No Agrícola, mejor conocida como la Encuesta de Establecimientos. Esta última encuesta mide el nivel de empleo que aparece en la nómina de las industrias, horas y salarios por industrias no agrícolas. En la Figura 2.10, ambas encuestas evidencian una baja sostenida en el empleo total desde el inicio de la recesión en el año 2006.

Figura 2.10: Trayectoria del Empleo Total, Años fiscales 2000-2010, Encuesta Grupo Trabajador y Establecimientos (En miles)

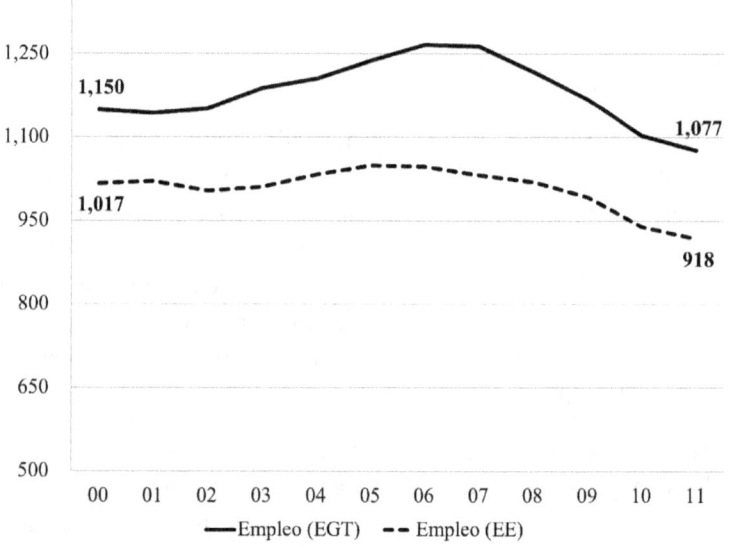

Fuente: Junta de Planificación de Puerto Rico

El Grupo Trabajador (GT) es la fuerza laboral del país y se define como aquellas personas de 16 años o más (como parte de la población civil no-institucional) que se encuentran trabajando o buscando

48

empleo. La trayectoria del GT a lo largo de la década evidencia una reducción marcada y sostenida desde el año 2006 que colocó en el año 2010 a la fuerza laboral por debajo de los niveles del año 2000. Este dato es preocupante porque las reducciones en el GT indican la salida o expulsión de trabajadores fuera del mercado laboral, esto es, se han desalentado de continuar la búsqueda de empleo. Desde el año 2006, se ha experimentado una expulsión de 141,000 trabajadores, según se evidencia en la Figura 2.11.

Figura 2.11: Trayectoria del Grupo Trabajador
Años fiscales 2000-2010 (En miles)

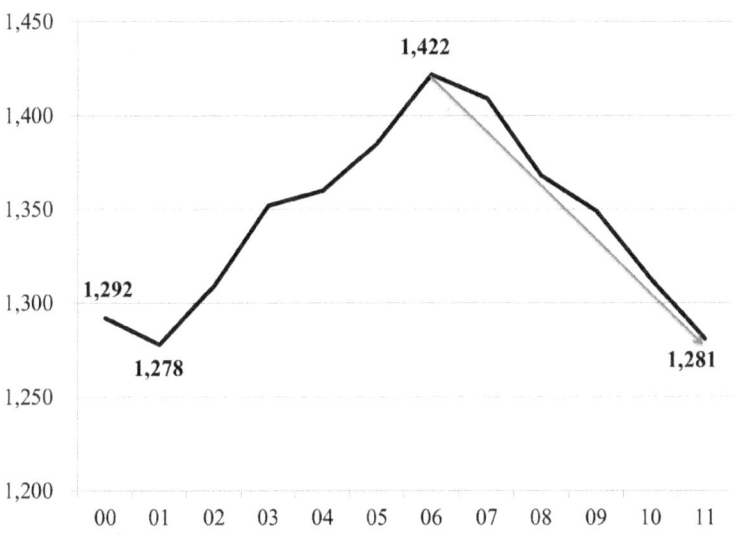

Fuente: Junta de Planificación de Puerto Rico

Las variables laborales están altamente influenciadas por cambios en población (muertes, nacimientos, migración), por lo que para llevar a cabo un análisis libre de errores de interpretación por causa de dichas fluctuaciones, observamos la tendencia de las tasas de empleo, des-

49

empleo y participación laboral. Es precisamente el análisis conjunto de estas tres variables lo que permite tener una mejor idea del estado del mercado laboral en Puerto Rico e interpretar de forma más precisa y correcta sus prospectos y tendencias.

Figura 2.12: Trayectoria del Empleo, Desempleo y Participación Laboral, Años fiscales 2000-2010

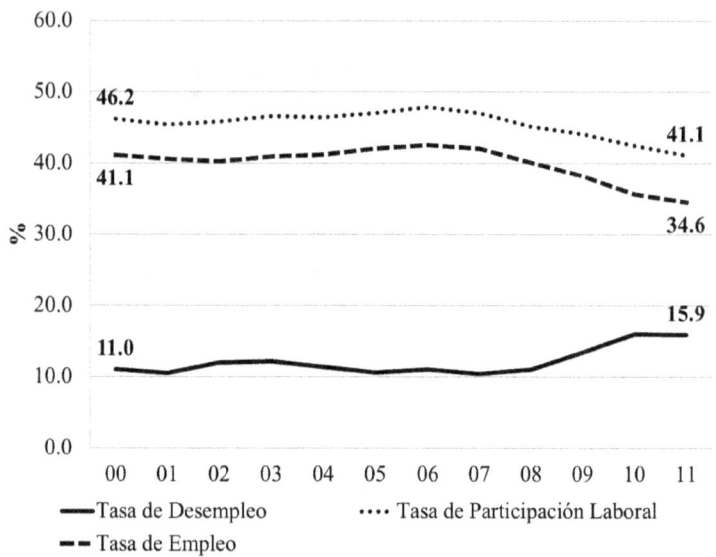

Fuente: Junta de Planificación de Puerto Rico

2.2.9.   Deuda pública e Ingresos al Fondo General

Deuda pública

La deuda pública tiene dos usos principales: financiar la inversión y financiar el consumo. Los gobiernos toman dinero prestado para el financiamiento de infraestructura nueva y renovar la existente, un tipo

50

de inversión pública que genera actividad económica y creación de empleos, tanto directos como indirectos e inducidos. El efecto multiplicador de la inversión pública en infraestructura permite de igual forma ofrecer al sector privado la zapata para generar mayores inversiones en el sector, creación de empleos y mayor actividad económica privada. Por otro lado, la deuda pública que financia consumo no genera rendimientos que puedan revertir al fisco ni crea los efectos multiplicadores de la inversión en infraestructura. Es un gasto que no regresa al gobierno en forma de beneficios.

Durante la década 2000-2010 la tendencia de nuestra deuda pública ha sido de aumento sostenido (Figura 2.13), mientras que en secciones anteriores hemos visto como la inversión en capital para el mismo periodo ha sido una de disminución marcada y sostenida. Esto es indicador de que la deuda que se ha generado ha sido para financiar consumo y a su vez refinanciar deuda existente.

Actualmente la porción del presupuesto consolidado dedicado al servicio de la deuda ha aumentado modestamente, de un 13.6% en el 2000 a un 15% en el 2012, y el monto de la deuda pública constituye un alarmante 100.9% del Producto Nacional Bruto.

51

Figura 2.13: Deuda Pública 2001-2011
Años fiscales (En millones)

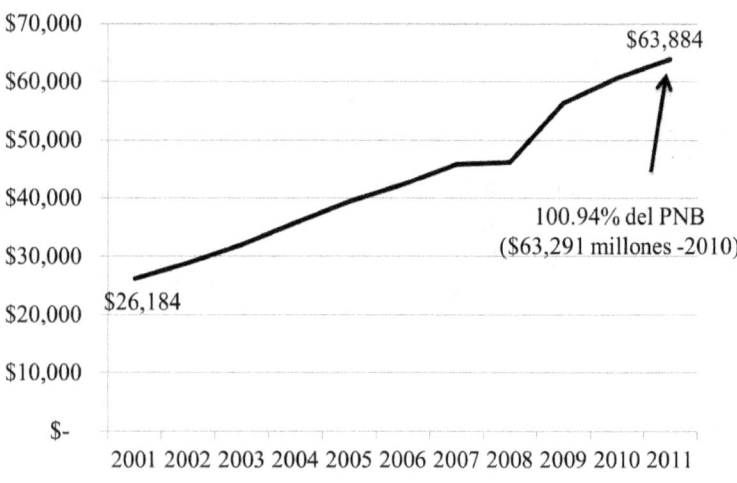

Fuente: Junta de Planificación de Puerto Rico

Ingresos al Fondo General

Los Ingresos al Fondo General durante el periodo del 2000-2010 mostraron alzas moderadas hasta el año 2007, año de mayores ingresos como resultado de la aprobación del Impuesto de Ventas y Uso (IVU) en el año 2006. La Figura 2.14 muestra que luego del pico del año 2007, la tendencia de los ingresos al Fondo General fue a la baja, lo que coincide con el periodo recesionario de la economía.

Figura 2.14: Ingresos al Fondo General: 2001-2010
Años fiscales (En millones)

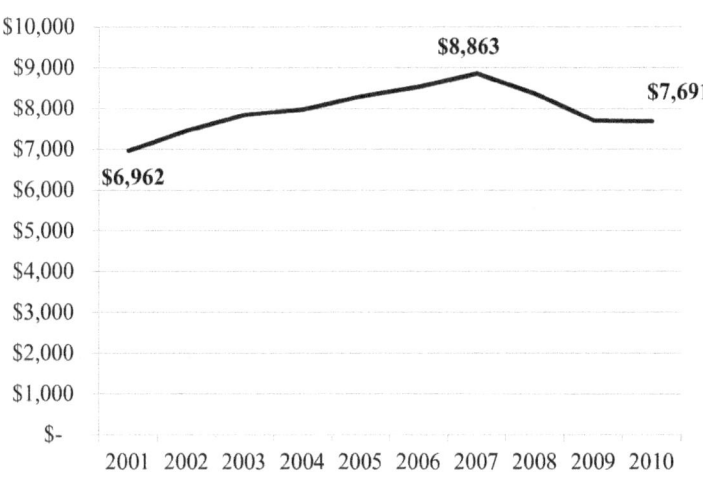

Fuente: Junta de Planificación de Puerto Rico

Al cierre del año fiscal 2010-2011, los recaudos al Fondo General habían registrado un aumento de un 6%, de $7,691 millones a $8,165 millones para el año fiscal 2011-2012. Durante el año 2010-2011 se pusieron en efecto varias disposiciones contributivas como la Reforma Contributiva y la Ley #154 (impuesto de 4% a las corporaciones

53

foráneas), y continuaban en efecto disposiciones especiales como la sobretasa a la propiedad incluida en la Ley #7. Tales disposiciones tuvieron efectos en la partida de contribución sobre ingresos pagada por los individuos (con una reducción de $214 millones), las contribuciones sobre ingresos corporativos (que no experimentaron cambios del 2010 al 2011), aportaciones adicionales de $246 millones en impuestos adicionales sobre la propiedad y que quedó sin efecto al comenzar el año fiscal, un leve aumento en los recaudos del IVU del 2.8 %, y recaudos extraordinarios producto de la Ley #154 de $677 millones de dólares. Actualmente, es este impuesto del 4 % el que sostiene en buena medida el balance fiscal del país pero cabe señalar que el mismo es escalonado y se reduce según pasen los años hasta el 2016.

2.3. Resumen y perspectivas

Las variables macroeconómicas analizadas evidencian que Puerto Rico atraviesa una crisis que no es cíclica, sino estructural. La capacidad productiva se ha visto comprometida por factores tanto internos como externos. La baja en inversión y el aumento/estabilidad del consumo señalan una estructura económica poco productiva pero altamente consumerista y enfocada al sector de servicios. La contracción del crédito, la disminución de ingresos, el desempleo alto y persistente, y el endeudamiento del sector público, entre otros, se suman a las presiones exógenas a las que está expuesta la economía tales como: el precio del barril de petróleo, los altibajos de la economía norteamericana y mundial, y las políticas monetarias, fiscales y presupuestarias por parte de la Reserva Federal y el Congreso de los Estados Unidos, entre otras. Al cierre de la década, atravesamos la recesión más duradera y prolongada de la historia moderna de nuestra economía y una seria debilidad estructural que dificulta la salida de la crisis.

Al inicio del año fiscal 2011-2012 aún quedan por verse los datos de las cuentas nacionales de forma que se pueda establecer la tendencia y trayectoria de la economía puertorriqueña. En Puerto Rico no se cuentan con datos trimestrales de las cuentas nacionales por lo que, como siempre, tendremos que observar los indicadores mensuales de algunas variables económicas para poder identificar si en efecto ha comenzado la suavización de la crisis económica y la presencia de signos de recuperación. La Junta de Planificación ha proyectado y revisado sus proyecciones de crecimiento a la baja para el presente año fiscal de 0.7% a 0.1%, lo que afectará los estimados de 1.0% y 0.9% para los años 2013 y 2014, respectivamente. Aunque estos estimados hablan de una posible recuperación económica y una salida de la recesión/depresión que hemos atravesado, lo que proyecta el futuro después de la salida es el estancamiento de la economía. El gran reto será, entonces, diseñar las políticas públicas y económicas estructurales que permitan el arranque de una economía estancada. La recuperación de entre 12% y 14% del Producto Nacional Bruto que se ha perdido como producto de la crisis económica, no es tarea fácil ni rápida. Tomará más años de lo que dure la recesión el recuperar todo el terreno perdido; y ante la debilidad estructural de nuestra economía, nada impide que la misma vuelva a enfrentar una recesión futura.

3 ENVEJECIMIENTO DE LA POBLACIÓN

— Judith Rodríguez/ Raúl Figueroa —

3.1. Determinantes del envejecimiento de la población

El envejecimiento de la población es el resultado de la interacción de los principales componentes demográficos: los nacimientos, las defunciones y la migración. La reducción en la natalidad desempeña un rol determinante en el envejecimiento de la población del país. Para el año 2000, el total de nacimientos vivos registrados en Puerto Rico fue de 59,460, mientras que para el año 2010 la cifra había disminuido a 42,195 nacimientos[1]. Esto representa una reducción de un 29% en los nacimientos vivos durante este periodo. El descenso en la fecundidad se ha extendido por varias décadas, causando una reducción en la proporción de personas jóvenes y un aumento en el por ciento de personas de edad avanzada.

Se espera que la fecundidad continúe su ruta descendente, al igual que

---

[1] Datos del 2010 son preliminares

57

ocurrió en otros países que han finalizado su transición demográfica. Los descensos de la fecundidad, en términos generales, han estado asociados a las mejoras en las condiciones de las mujeres en cuanto a su acceso a los servicios de educación, salud y participación en la fuerza laboral del país. Además, estas reducciones en la fecundidad han estado influenciadas por el uso de métodos anticonceptivos, el derecho al aborto y más recientemente los anticonceptivos de emergencia.

Según los datos del Departamento de Salud, la tasa total de fecundidad, que expresa el número promedio de hijos tenidos por mujer, para el año 2000 fue de 2.1 hijos y de 1.7 hijos para el 2008 (Departamento de Salud, 2011). Esta última cifra esta por debajo del nivel de reemplazo de la población, dado que la cantidad de nacimientos no es suficiente para que los hijos sustituyan numéricamente a sus padres. Se espera que esta tasa continúe reduciéndose y que como resultado, la población de Puerto Rico envejezca cada vez más.

El aumento en la esperanza o expectativa de vida[2] de los puertorriqueños es otro factor que ha contribuido significativamente al incremento en el número de personas de edades avanzadas. Las personas que alcanzan los 60 años de edad tienen elevadas posibilidades de sobrevivir por muchos años más. De acuerdo con estimados del año 2010, la esperanza de vida en Puerto Rico era 79 años para la población total y de 75 y 82 años de vida para los varones y féminas, respectivamente (Population Reference Bureau, 2010). Esto es, una persona que logre alcanzar los 60 años de edad puede llegar a vivir, en promedio, 15 años más si es hombre y 22 si es mujer. Esta posibilidad de vivir una cantidad considerable de años después de cumplidos los 60 años de edad debe ser tema de reflexión en cuanto a las normas vigentes sobre las edades compulsorias y tempranas para el retiro, así como

---

[2]La esperanza o expectativa de vida, es el promedio de años de vida que una persona potencialmente podría vivir si las condiciones que influyen en la mortalidad continuaran iguales a través de toda su vida.

el surgimiento de nuevas y mayores oportunidades de empleo para la población en la tercera edad, entre otros asuntos.

La llegada de los *baby boomers* (explosión del nacimientos)[3], aceleró aun más el proceso del envejecimiento de la población. Los primeros integrantes de esta cohorte poblacional cumplieron hace 6 años atrás, específicamente durante el año 2006, los 60 años de edad y alcanzaron la edad de 65 años durante el año 2011. Se estima que los *baby boomers* sobrepasan las 900,000 personas en Puerto Rico. Este sector generacional conforma al presente casi una cuarta parte de la población total del país.

Durante los próximos 19 años, un total de 133 personas cumplirán diariamente los 65 años de edad en Puerto Rico. En los Estados Unidos también se espera un aumento extraordinario de las personas con 65 años o más por este motivo. Se ha calculado en 10,000 la cantidad de personas nacidas durante la explosión de nacimientos que diariamente pasarán a formar parte de este sector poblacional en Estados Unidos. Por lo tanto, es de esperar una gran presión económica hacia el gobierno federal de los Estados Unidos por parte de este grupo poblacional, por la sola demanda de servicios básicos esenciales. Ante este escenario, la sociedad puertorriqueña podría verse amenazada con la reducción en algunas de las asignaciones de fondos federales, así como la viabilidad de otras designaciones.

A partir de la segunda mitad del siglo XX, los movimientos migratorios entre Puerto Rico y Estados Unidos fueron determinantes en la velocidad del envejecimiento de la población. De hecho, la migración juega al presente un papel de importancia fundamental tanto en el crecimiento como en los cambios que le ocurren continuamente a la estructura de edad de la población. El éxodo masivo de personas jóvenes a los Estados Unidos durante la pasada década causó una aceleración aun mayor del envejecimiento de la población del país.

---

[3]Las personas nacidas entre los años 1946 y el 1964.

3.2. Características de las personas de 60 años o más

De acuerdo con los resultados del Censo del año 2010, la población de Puerto Rico de 60 años o más para abril de 2010 fue de 760,075 habitantes. Este sector poblacional, que el Gobierno de Puerto Rico clasifica como personas de la tercera edad, conforma el 20.4% de la población total del país. Esto es, una de cada cinco personas en Puerto Rico tenía al menos 60 años de edad. Para el año 2000, este grupo de edad era de 585,711 personas, equivalente al 15.4% de la población total.

La importancia numérica de este grupo poblacional en Puerto Rico es cada vez más evidente. Como fuerza política su poder es extraordinario, debido a que representan el 26.9% de la población potencialmente elegible para ejercer el voto en el país[4] (Figura 3.1). Es menester señalar que con la entrada de los *baby boomers*, que es un grupo poblacional que por lo general goza de mayores niveles educativos que sus predecesores, las personas mayores tendrán con su voto el poder máximo que existe en los sistemas democráticos.

Mientras las tasas de crecimiento de la población total se han ido reduciendo drásticamente, el ritmo de crecimiento de la población de mayor edad es uno elevado. Mientras que con la llegada de los *baby boomers* a los grupos de edad avanzada se espera para los próximos años un incremento notable de los viejos-jóvenes, a saber, los de 60 a 74 años de edad.

Utilizando los datos del Censo de 2010 y de la *American Community Survey* de 2010, algunas de las principales características de este grupo poblacional son las siguientes:

---

[4]La población elegible para votar en Puerto Rico es de 18 años o más.

Figura 3.1: Por ciento que representa la población de 60 años o más de los votantes potenciales, Puerto Rico 2010

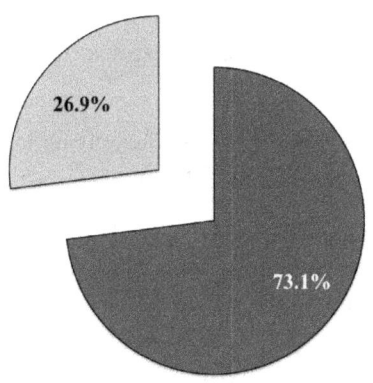

■ Resto de la población de 18 años o más   ▢ Poblacion 60 años o más

Fuente: Negociado del Censo de los Estados Unidos (2011), Censo 2010

- Existe un predominio numérico de las féminas con un 56% del total de la población de 60 años o más.

- El 13.5% de la población de 60 años o más posee al menos un grado de bachillerato; sin embargo, esta cifra aumenta a 19% para el subgrupo de edad más joven de 60 a 64 años.

- Menos del tres por ciento de las personas de 60 años o más viven en un alojamiento de grupo, por lo tanto, la inmensa mayoría de este sector creciente de la población vive en comunidad.

- Una tercera parte de las personas de 60 años o más no institucionalizadas viven solas.

- El 53.4% de esta población tiene algún tipo de incapacidad según definido por el Negociado del Censo, no obstante, esta cifra asciende a 72% entre los más viejos (75 años o más).

- Una de cada cuatro personas de 60 años o más recibe ingresos de un plan de retiro; sin embargo, esta cifra pudiera reducirse en un futuro con la reducción de los empleados gubernamentales.

- El 38.8% de las personas de 60 años o más fueron clasificadas bajo el nivel de pobreza.

- El 39.4% de este grupo de edad son beneficiarios del Programa de Asistencia Nutricional (PAN).

- El 83.6% de los jefes de hogares de 60 años o más son propietarios de la vivienda en que residen, independientemente de si pagan o no hipoteca.

3.3.   Retos del envejecimiento de la población

El envejecimiento de la población se debe considerar como un gran logro para la humanidad. No obstante, esto representará uno de los más grandes retos para muchos países en los próximos años. En adición al reto que representa un aumento en la cantidad de personas de mayor edad, las características de las personas que están entrando a la vejez, como por ejemplo el grupo de los *baby boomers*, son distintas a las personas de mayor edad del presente.

En primer lugar, el envejecimiento de la población implica un incremento en la cantidad de recursos destinados al cuidado de los adultos mayores, lo que significa que se dispondrán de menos recursos para invertir en otros sectores. En segundo lugar, el aumento de la población de edades avanzadas se traducirá en presiones hacia las instituciones públicas de seguridad social, tanto en el ámbito de las pensiones como en la atención a la salud. Tercero, esta transformación también comprometerá la viabilidad de las distintas formas de apoyo familiar a la vejez, en las que ha descansado básicamente el sostenimiento de la población en edades avanzadas en Puerto Rico. Finalmente, el envejecimiento de la población ocasionará grandes cambios culturales, que pasarán por una redefinición del significado social de la vejez y de las formas en que se envuelven los adultos mayores en la sociedad y la cultura.

Las políticas relativas al envejecimiento de la población tendrán que ser parte de la estrategia general del plan de desarrollo del país. Mediante la adopción de éstas, es necesaria la participación de los adultos mayores y propiciar que en la sociedad puertorriqueña haya lugar para las personas de todas las edades. Utilizando una perspectiva demográfica y salubrista, presentamos algunos aspectos centrales para afrontar el reto que envuelve el envejecimiento de nuestra población.

3.3.1. Las pensiones por jubilación

El principal reto que una política de pensiones tiene que afrontar consiste en combinar la adecuación y sostenibilidad financiera para no caer en el riesgo de experimentar mayor pobreza entre las personas de edad avanzada y poder mantener un sistema de pensiones económicamente solvente (Zaidi, 2008). Los sistemas de pensiones no deberían ser demasiados generosos para no arriesgar su sustentabilidad y para que puedan cumplir con lo prometido durante la fase contributiva (Zaidi, 2008). Otro reto asociado al de las pensiones es asegurar la justicia entre diversas generaciones. Si determinados trabajadores reciben pensiones demasiado generosas, los futuros trabajadores tendrán que soportar la carga de esa generosidad (Zaidi, 2008). Tomando esto en consideración, recomendamos lo siguiente:

- **Examinar la edad que utiliza el Gobierno de Puerto Rico para delimitar a una persona como de edad avanzada.** El uso al presente de la edad de 60 años para delimitar la edad inicial en que una persona es considerada como de edad avanzada no es consoná con el nivel de envejecimiento de la población.

63

Tampoco guarda relación con una elevada expectativa de vida como la de este segmento poblacional.

■ **Redefinir las edades de jubilación, así como la práctica de fomentar el retiro a edad temprana.** En la actualidad, algunas personas menores de 65 años de edad se enfrentan a la jubilación con unos ingresos reducidos y, en algunos casos, con personas a su cargo. A su vez, permanecen por varios años fuera del grupo de la población laboralmente activa, con las consecuencias económicas y psicológicas que esto conlleva.

3.3.2. Sistema de salud y cuidado

El proceso de envejecimiento de la población representa un reto importante para el sistema de salud, no sólo porque el gasto en salud aumenta con la edad, sino también porque implica un cambio del carácter mismo de las atenciones y los cuidados demandados. Las personas de edad avanzada presentan varias características que son importantes destacar antes de ofrecer recomendaciones.

En primer lugar, la incapacidad es una situación que afecta al 53 % de las personas de 60 años o más (Negociado del Censo de los EEUU, 2011a). Las incapacidades aumentan con la edad, haciendo que los que las sufren dependan de terceros para realizar actividades de la vida diaria, como son las tareas del hogar, los desplazamientos dentro y fuera del hogar y el cuidado personal, entre otras actividades. Esto podría convertirse en un problema serio, dado que según el Negociado del Censo de los Estados Unidos, tres de cada diez personas de 65 años o más tenían dificultad para vivir independientemente[5] (Negociado del Censo de los EEUU, 2011a).

---

[5]Se refiere a que se les dificulta hacer diligencias solos o solas, tales como visitar la oficina de un médico o ir de compras, debido a que tienen alguna condición física o emocional.

De igual forma, un análisis del patrón de causa de muerte de los puertorriqueños de edades avanzadas, evidencia el peso que juegan las condiciones de tipo crónica y degenerativa como causantes de muerte. Muchas personas de edad avanzada presentan varias condiciones crónicas coexistentes que demandan una mayor participación de los distintos profesionales de la salud. No obstante, es difícil que la inmensa mayoría de las personas de edad avanzada en Puerto Rico puedan recibir la atención médica necesaria oportunamente. Esto debido a la concentración de especialistas en el área metropolitana de San Juan y en algunos casos a la escasez de estos profesionales en todo el país.

Ante este cuadro presentamos las siguientes recomendaciones:

- **Promulgar políticas y programas de *envejecimiento activo* que mejoren la salud, la participación y la seguridad de los ciudadanos de mayor edad.**

La Organización Mundial de la Salud (OMS) sostiene que si los gobiernos, las organizaciones internacionales y la sociedad civil promulgan este tipo de políticas y programas, los países podrán afrontar el envejecimiento poblacional (Sánchez, 2010).

El envejecimiento activo busca optimizar las oportunidades de salud, participación y seguridad con el fin de mejorar la calidad de vida de las personas mientras envejecen. Con esto se busca que las personas puedan alcanzar su máximo potencial de bienestar físico, social y mental a través de toda su vida y que participen en la sociedad de acuerdo con sus necesidades, deseos y capacidades. También se busca proporcionar protección, seguridad y cuidados adecuados a los ciudadanos que lo necesiten. El envejecimiento activo trata de ampliar la esperanza de vida saludable y la calidad de vida para todas las personas a medida que envejecen, incluyendo a aquellas personas frágiles, incapacitadas o que requieren asistencia (Sánchez, 2010).

- **Urge un cambio hacia la prevención y control de las enfermedades que se han convertido en causas principales de muerte en la población.**

La adopción de estilos de vida saludables y la participación activa en el cuidado personal son esenciales en todas las etapas de la vida. Las actividades de promoción de la salud y el acceso universal a servicios de esta naturaleza durante toda la vida son el pilar del envejecimiento con salud. Parte de los programas de salud dirigidos a esta población deben estar orientados a mantener la calidad de vida, y no tanto para atender enfermedades de carácter agudo.

- **Propiciar que más médicos se especialicen para atender las condiciones que afectan mayormente al sector de los adultos mayores.**

Es necesario hacer un análisis para determinar si la cantidad de geriatras, oncólogos, endocrinólogos y el resto de las especializaciones que atienden condiciones predominantes en esta población son suficientes para atender a la cada vez mayor población de personas de edad avanzada.

- **Mejorar y habilitar sistemas de transportación pública que facilite el traslado de la población de mayor edad en todo el país.**

En la actualidad los sistemas de transportación públicos están concentrados en el área metropolitana de San Juan, lo que dificulta el traslado de las personas de mayor edad para realizar sus gestiones diarias, incluyendo para el cuidado de su salud. Estos sistemas deben ser más efectivos que los actuales, en donde en ocasiones el tiempo de espera de los autobuses de la Autoridad Metropolitana de Autobuses (AMA) excede una hora (Alvarado-León, 2011). Esto es demasiado tiempo de espera independientemente de la edad y género del usuario. Sin embargo, para un adulto mayor es una acción aún más deplorable, sobre todo si tienen que tomar varios de estos autobuses para llegar a su destino.

La mayoría de estas medidas tendrían efecto a mediano y largo plazo. No obstante, entendemos que en el futuro se verán los resultados positivos en la población, así como un alivio económico en los individuos, las familias y el gobierno.

3.3.3. Empleo

Asghar Zaidi (2008) en su trabajo *Características y retos del envejecimiento de la población: La perspectiva europea*, enfatiza en que con el envejecimiento de la población se reduce la población en edad de trabajar. Va más allá y expone qe no solamente los países verán reducida su población en edad de trabajar, sino también experimentaran un decrecimiento en el total de la población. En el caso de Puerto Rico, el país ya esta presentando todas estas características. Zaidi (2008) también expone que la mejor manera de facilitar la transición a una población menos numerosa es **animando a las personas a trabajar hasta edades más avanzadas y eliminando las barreras que pudieran impedírselo.**

Para que las políticas públicas destinadas a mejorar las condiciones de trabajo de las personas mayores funcionen, es necesario que los empleadores superen la percepción negativa que tienen de éstos y faciliten un mejor ambiente de trabajo en el que los trabajadores de mayor edad continúen mejorando su productividad. Al mismo tiempo, las estructuras salariales en las que se premia la antigüedad deberán ser sustituidas por otras más flexibles. Debido a esto, los empresarios y especialmente los sindicatos tienen la responsabilidad de encontrar maneras de restringir el incremento del costo de la mano de obra asociado a la edad (Zaidi, 2008).

Asimismo, se requieren cambios sectoriales de manera que cada vez encontremos más personas trabajando en las áreas que prestan servicios a los mayores. Se debería **capacitar a más personas para trabajar en servicios de salud y servicios sociales** (Zaidi, 2008). Esto supone un importante desarrollo infraestructural por el que tendremos que pasar para poder afrontar el reto de una sociedad con una estructura de edad vieja. Otra manera de afrontar este decrecimiento poblacional consiste en **promover una mayor productividad** para que el aumento en productividad contribuya a incrementar el rendimiento de la población (Zaidi, 2008).

Con el fin de incorporar la participación de los trabajadores de edad mayor al mundo laboral algunos gobiernos han creado un sistema de bonificaciones dirigido a incentivar a las empresas que emplean trabajadores de cierta edad. En otros casos, han implantado normas para que resulte más costoso despedirlos.

3.4. La exclusión social

La exclusión social es otro de los problemas que afecta al grupo de personas de edad avanzada. El proceso de exclusión social en muchas ocasiones está determinado por el acceso o no al mundo laboral. La posibilidad de obtener un trabajo y recibir beneficios ya sean económicos, sociales o psicológicos, posibilita la plena integración de los individuos en la sociedad (Lorenzo, 2004). De esta forma, las personas que por lo general no tienen acceso al mundo laboral como son los jubilados, incapacitados y los inmigrantes, se convierten en grupos excluidos o potencialmente excluidos de la sociedad (Lorenzo, 2004).

Los adultos mayores conforman uno de los grupos poblacionales con mayor riesgo de exclusión social, por lo que ante el inminente aumento en la cantidad de personas mayores en las próximas décadas, será necesario tomar medidas para evitar la exclusión social de este grupo poblacional (Lorenzo, 2004). Para promover y lograr la inclusión social de los grupos menos favorecidos de la sociedad, sera necesaria la participación institucional y un compromiso social adecuado. De lo contrario, las estrategias contra la exclusión social serán ineficientes (Lorenzo, 2004).

En muchas ocasiones se consideran a las personas de edad avanzada como entes de carga social, dependientes y no productivas. No obstante, las personas de mayor edad poseen atributos de gran valor para la sociedad como lo son la sabiduría, el conocimiento y la experiencia. Debido a esto, es necesario que las políticas públicas consideren a este sector poblacional como los recursos valiosos que son, dado que en la medida en que se limita la visión sobre la población vieja se cierran las posibilidades de mantener una comunidad más saludable y productiva.

4 LA VIOLENCIA DESDE EL MARCO DE SALUD PÚBLICA

— Judith Rodríguez/ Raúl Figueroa —

4.1. Definición de la violencia

La Organización Mundial de la Salud (OMS) define la violencia como:

> El uso intencional de la fuerza o el poder físico, de hecho o como amenaza, contra uno mismo, otra persona o un grupo o comunidad, que cause o tenga muchas probabilidades de causar lesiones, muerte, daños psicológicos, trastornos del desarrollo o privaciones (Krug, Dahlberg, Mercy, Zwi, y Lozano, 2003).

La definición de la OMS resaltá la importancia de la intencionalidad como parte esencial de la violencia. De igual forma, es evidente que la violencia no esta restringida solo al uso de la fuerza física sino que puede causar otros tipos de daños como el psicológico. Todo tipo de

71

violencia, aunque no ocasione lesión física o la muerte, impone cargas sustanciales a las personas, su familia, su comunidad y al sistema de salud. Es importante destacar que para que un acto sea clasificado como violento no tiene que ser de naturaleza delictiva. En algunos países el golpear a la pareja puede ser considerada una práctica cultural admisible, pero nunca dejara de ser un acto violento con efectos adversos para la salud de la persona (Krug y cols., 2003).

La definición de la violencia utilizada por la OMS identifica las categorías que corresponden a los diferentes tipos de violencia. La violencia puede ser contra uno mismo, la que se denomina como la violencia auto-infligida (Krug y cols., 2003). Un comportamiento común en este tipo de violencia es el suicidio (Krug y cols., 2003). El segundo tipo de violencia que se desprende de esta definición es la violencia contra otra persona o grupo de personas. A este tipo de violencia se le conoce como la violencia interpersonal (Krug y cols., 2003). Según la OMS, la violencia interpersonal se puede dividir en la violencia contra los miembros de la familia, incluyendo la pareja, o en la violencia comunitaria, la cual ocurre entre personas que no guardan parentesco (Krug y cols., 2003). En adición a esto, la violencia familiar tiende a ocurrir principalmente en el hogar mientras que la violencia comunitaria suele ocurrir fuera del hogar (Krug y cols., 2003).

Un tipo de violencia común en Puerto Rico es la colectiva. Una particularidad de este tipo de violencia es que por lo general la cometen grupos grandes de individuos o el propio Gobierno. Este tipo de violencia por lo general surge del afán de lucro económico y poder de estos grupos (Krug y cols., 2003). Ejemplo de este tipo de violencia son el trastocar las actividades económicas y negar el acceso a servicios de esenciales, entre otras (Krug y cols., 2003). Con la excepción de la violencia auto-infligida, los actos de violencia pueden ser de naturaleza física, sexual, psíquica o incluir depravación o descuido (Krug y cols., 2003). En el caso de la violencia auto-infligida, esta no incluye actos de violencia de naturaleza sexual (Krug y cols., 2003).

4.2. Determinantes de la violencia en Puerto Rico

No hay duda que la violencia es un problema de gran magnitud en Puerto Rico. Los periódicos de circulación general están repletos de noticias sobre los distintos actos de violencia que sufren los puertorriqueños. Sin embargo, el fenómeno de la violencia no es nuevo en la sociedad puertorriqueña. El problema de la violencia es histórico y ha acompañado a los puertorriqueños mediante diversos niveles de intensidad a través del tiempo.

En la actualidad, tanto la violencia como la criminalidad son un obstáculo para el desarrollo social y económico de Puerto Rico y ocasionan un efecto negativo en la calidad de vida de sus habitantes. En momentos en que la violencia y la criminalidad se encuentra en niveles históricamente altos, los ciudadanos se muestran cada vez más escépticos ante las respuestas gubernamentales contra el crimen y la violencia. Por tanto, en el análisis de los efectos de la violencia y la criminalidad en la sociedad puertorriqueña es necesario examinar el papel que han jugado estos comportamientos delictivos como uno de los factores de empuje para que miles de puertorriqueños esten emigrando hacia los Estados Unidos.

De la información y datos disponibles sobre el tema de la violencia y la criminalidad en Puerto Rico se han identificado varias razones para esta alza en la violencia. Entre las razones mencionadas se reconoce como una de las más importantes o de mayor peso la falta de oportunidades económicas y sociales a través de todo el territorio puertorriqueño. La falta de oportunidades económicas conduce a una desigualdad social que sirve como motor en el aumento de actividades asociadas al tráfico de drogas ilegales. Este tipo de actividad económica ilegal lleva como resultado de su propia naturaleza al manejo de todo tipo de armas de fuego como medida de protección, autoridad y control.

El incremento en la desigualdad social y económica de grandes sectores de la población facilita la incursión de una cantidad enorme de personas en actividades criminales ante la percepción bastante clara y real de la gran impunidad penal existente en el país. En Puerto Rico, la probabilidad de que un criminal sea arrestado y penalizado es muy baja. Por tal motivo, es necesario establecer estrategias de intervención que reduzcan esa percepción de impunidad penal.

Ademas de los factores antes mencionados, en el libro *El Homicidio y la Violencia en Puerto Rico* se identifican algunos factores relacionados a la violencia en el país (Rodríguez-Figueroa y Irizarry-Castro, 2004). Algunos de los factores de riesgo para la violencia que se mencionan en esa publicación y que al presente continúan vigentes son:

1. **La relación entre las drogas ilegales y la violencia juvenil.** La mayoría de los jóvenes puertorriqueños, activos en la conducta antisocial incurrieron en faltas relacionadas con las drogas ilegales.

2. **La incapacidad en la función de ser padres y madres, como factor de riesgo principal para el proceder violento con los menores de edad.** Esta fatalidad fue ratificada en el dato nefasto de que en el país la violencia contra los niños, niñas y adolescentes, se caracterizó, primordialmente, por la negligencia y el maltrato múltiple.

3. **El abandono del sentido de responsabilidad, por el cuidado de las personas mayores de edad, es un factor que se asocia a la violencia contra las personas de edad avanzada.** En Puerto Rico, la queja de maltrato más destacada hacia este grupo poblacional, era que estos seres humanos se encontraban en condiciones de total descuido y abandono de parte de sus familiares. En los adultos de edad avanzada, perduró el maltrato emocional y los agresores principalmente fueron los hijos(as)

y nietos(as). La mujer puertorriqueña de edad avanzada, salió como la víctima principal en este grupo poblacional.

En ese libro, el hogar puertorriqueño, apareció descrito como un ambiente de mucha hostilidad, conflictos y desavenencias entre las parejas heterosexuales. Se dedujo la existencia de un alto grado de problemas o dificultades en las relaciones maritales y se encontró una proporción considerable de violencia doméstica hacia la mujer puertorriqueña.

4.3. Magnitud de los asesinatos en Puerto Rico

El costo social, en especial la vida de nuestros jóvenes, es una de las principales pérdidas que provoca la violencia. La mayoría de las víctimas mortales de la violencia se encuentran en la etapa de la vida durante la cual empiezan a demostrar todo su potencial, por lo cual su ausencia en la familia será, por lo general, irreparable.

La última cifra preliminar de muertes por asesinato informada por la Policía de Puerto Rico para el año 2011 fue de 1,136 defunciones (Policía de Puerto Rico, 2012). No obstante, esta cifra sube a 1,182 asesinatos u homicidios según los datos del Instituto de Ciencias Forenses (Instituto de Ciencias Forenses, 2012). Una investigación reciente del Instituto de Estadísticas de Puerto Rico encontró que en promedio, anualmente no se incluyen en las cifras de asesinatos de la policía cerca de 60 casos de homicidios cuando se comparan con las cifras del Instituto de Ciencias Forenses (Instituto de Estadísticas de Puerto Rico, 2011). Según el Instituto de Estadísticas de Puerto Rico, esta discrepancia puede deberse, entre otras razones, a diferencias en las definiciones que utilizan ambas agencias para sus estadísticas.

75

Independientemente de la fuente de datos que se utilice, la cifra de asesinatos u homicidios del año 2011 estableció una nueva marca en el país en cuanto a la ocurrencia de este tipo de muerte violenta. La tasa de asesinatos u homicidios del año 2011, de acuerdo a las cifras de la Policía, fue 30.6 por cada 100,000 habitantes, y de 31.9 por cada 100,000 habitantes según las cifras del Instituto de Ciencias Forenses.

Del análisis de las muertes por asesinato publicadas por la Policía de Puerto Rico para los años 2000 al 2008, las tasas de asesinatos fluctuaron entre 18.2 por cada 100,000 habitantes en el año 2000 hasta 21.7 por cada 100,000 habitantes en el año 2008. La cifra del año 2008 presentó la tasa de asesinatos mayor durante ese periodo, lo que representó un aumento de 19.2% en comparación con el año 2000. Este incremento en la tasa fue considerable, sin embargo, el mayor aumento en los asesinatos durante la pasada década se observó a partir del 2008. Para el año 2010, la tasa de mortalidad había ascendido a 26.4 por cada 100,000 habitantes, o sea un incremento de 21.7% en la tasa de asesinatos en apenas dos años cuando se comparan con el 2008. Si se compara con la tasa del año 2000, el incremento de las tasas fue de 45.1% (Figura 4.1).

Los varones exhiben tasas de asesinatos muy superiores a las féminas debido a que esta causa de muerte afecta predominantemente a la población joven masculina. Para el año 2010, la tasa de asesinatos de los varones fue de 51.8 asesinatos masculinos por cada 100,000 varones. En contraste, la tasa de asesinatos de las mujeres para ese mismo año fue 3.2 asesinatos femeninos por cada 100,000 mujeres.

Cuando se comparan las tasas de asesinato para los años 2000 al 2011 con las tasas de participación laboral[1], se encontró la siguiente relación: conforme se reduce la tasa de participación laboral aumentan las

---

[1]Cociente entre la población económicamente activa (definida como las personas que trabajan o buscan trabajo) de 16 años o más y la población total de 16 años o más, multiplicado por 100.

Figura 4.1: Tasas de participación laboral (TPL) y asesinatos (TA), Puerto Rico 2000-2011

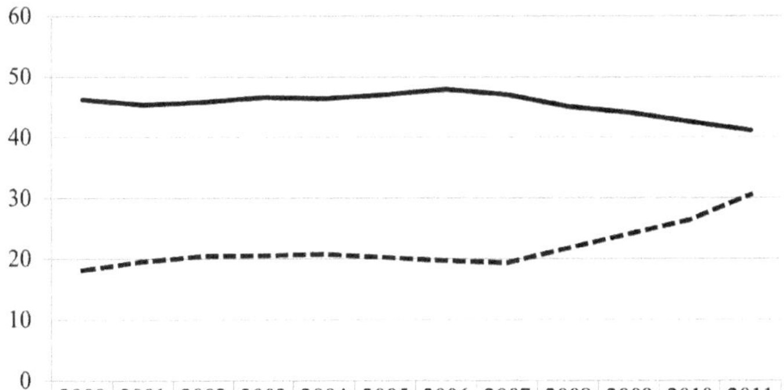

	2000	2001	2002	2003	2004	2005	2006	2007	2008	2009	2010	2011
—TPL	46.2	45.4	45.8	46.6	46.4	47	47.9	47	45.1	44.1	42.5	41.1
– – TA	18.2	19.6	20.4	20.6	20.8	20.2	19.7	19.3	21.7	24.1	26.4	30.6

TP en por ciento y TA por cada 100,000 habitantes
Fuente: Junta de Planificación; Policía de PR

tasas de asesinatos. Esto es, existe una relación inversa entre las tasas de asesinato y las de participación laboral. Para los años bajo estudio, la tasa de participación bajo de 46.2% en el 2000 a 41.1% en el 2011. A su vez, la tasa de asesinatos registró un aumento de 18.2 a 30.6 por cada 100,000 habitantes respectivamente (Figura 4.1).

Asimismo, existe una relación, en este caso directa, entre las tasas de asesinatos y las de desempleo. Conforme aumentan las tasas de desempleo aumentan las tasas de asesinatos. Es evidente la interrelación que guarda la situación de empleo y desempleo con la violencia en el país. La tasa de desempleo subió entre los años 2000 y 2011 de 11.0 a 15.9%; mientras las tasas de asesinatos también aumentaron (Figura 4.2).

Figura 4.2: Tasas de desempleo (TD) y asesinatos (TA), Puerto Rico 2000-2011

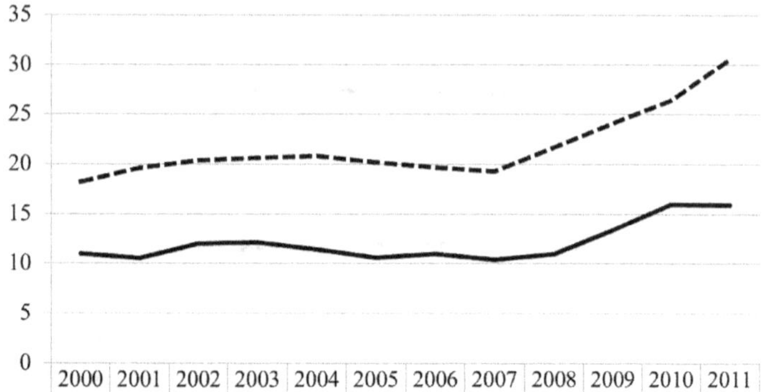

	2000	2001	2002	2003	2004	2005	2006	2007	2008	2009	2010	2011
—TD	11	10.5	12	12.1	11.4	10.6	11	10.4	11	13.4	16	15.9
– – TA	18.2	19.6	20.4	20.6	20.8	20.2	19.7	19.3	21.7	24.1	26.4	30.6

TD en por ciento y TA por cada 100,000 habitantes

Fuente: Junta de Planificación; Policía de PR

4.3.1. Años de vida perdidos

Según se indicó anteriormente, en Puerto Rico, las muertes por ase-sinatos ocurren con más frecuencia en el grupo de hombres jóvenes. Debido a esta selectividad de las víctimas se registra una pérdida gran-de en los años de vida saludables para este grupo. La esperanza o ex-pectativa de vida, es el promedio de años de vida que una persona potencialmente podría vivir si las condiciones que influyen en la mor-talidad continuaran iguales a través de toda su vida. La expectativa de vida se ve afectada por la ocurrencia muerte violentas, como por ejemplo los asesinatos, en personas jóvenes.

En un análisis llevado a cabo por Alberto Velázquez en su Tesis: *Muertes violentas en Puerto Rico: Su impacto sobre la esperanza de vida, 2000-2008*, este encontró que entre los años del 2006 al 2008, la perdida de años de vida en la expectativa de los varones por motivo de los asesinatos fue de 1.23 años. Por otro lado, las féminas tuvieron una perdida de 0.09 años en la expectativa de vida debido a esta causa de muerte (Tabla 4.1).

Tabla 4.1: Impacto de las muertes por homicidio en la expectativa de vida, 2006-2008

Sexo	Años de vida perdidos	Expectativa vida	Expectativa de vida sin homicidios
Ambos	0.7	78.87	79.57
Femenino	0.09	82.66	82.75
Masculino	1.23	75	76.23

Fuente: Velázquez-Estrada, Alberto. (2010). Muertes violentas en Puerto Rico: Su impacto sobre la esperanza de vida, 2000-2008.

Es pertinente destacar en cómo esta causa de muerte reduce en 1.23 años la vida promedio de la población masculina del país. La ganancia de años en la expectativa de vida representa, en la mayoría de los casos, grandes inversiones de dinero por parte del Estado durante varios años. Sin embargo, en Puerto Rico cada hombre ve reducida su expectativa de vida en más de un año debido a una causa de muerte que es prevenible como es el caso de los asesinatos u homicidios. Como resultado del alza registrada en los asesinatos en Puerto Rico a partir del año 2009, es de esperar que ocurra un aumento en los años de vida perdidos debido a esta causa de muerte.

4.3.2. Relevancia de las muertes por asesinato como causa de muerte

El incremento en las cifras y tasas de asesinato en Puerto Rico ha sido tan extraordinario que se espera que los asesinatos y homicidios ocupen uno de los primeros lugares en la lista de causas de muerte en el 2011. Al presente, solo contamos con el patrón de causa de muerte

79

hasta el año 2008. Tanto en los años 2007 y 2008 según las estadísticas de mortalidad, los homicidios ocuparon la posición número 11 en el orden de importancia de las causas de muerte (Instituto de Estadísticas de Puerto Rico, 2010a).

Haciendo uso del patrón de causa de muerte del año 2008 como marco hipotético de referencia de la situación en el 2011, los fallecimientos por asesinato podrían ascender a una séptima posición precedidas, en orden de importancia numérica, por las muertes debido a enfermedades del corazón, cáncer, diabetes, enfermedad de Alzheimer, enfermedades cerebrovasculares y la enfermedades crónica de las vías respiratorias. Cabe señalar que los asesinatos y homicidios que afectan mayoritariamente a los hombres podría, según las cifras de asesinato informadas hasta el momento por la Policía de Puerto Rico para el año 2011, ocupar una de las tres o cuatro posiciones de importancia numérica y relativa en la población masculina.

4.4. Modelo salubrista

El modelo salubrista para lidiar contra la violencia, consiste en la utilización máxima de la prevención con el fin de modificar conductas y estilos de vida no saludables. De igual forma, se busca prevenir la violencia y disminuir sus efectos, de una manera similar a como se lograron prevenir y disminuir las complicaciones relacionadas a otras condiciones de salud (Krug y cols., 2003). La clave de este modelo es que se aborda desde una perspectiva multidisciplinaria y se basa en datos científicos que se nutren de diferentes disciplinas como la medicina, la epidemiología, la sociología, la psicología, la criminología, la pedagogía y la economía (Krug y cols., 2003). Cada una de estas disciplinas juega un papel importante al momento de abordar el problema de la violencia y en el momento de establecer estrategias para reducirla (Krug y cols., 2003). Las estrategias que surjan con la utilización de este modelo permitirán establecer planes de acción y políticas públicas para la prevención de la violencia en el país (Krug y cols., 2003).

De acuerdo a la Organización Mundial de la Salud (2003), el modelo salubrista sobre la violencia se basa en un método científico que incluye varias fases:

1. Conocer los diferentes aspectos de la violencia. Para esto es necesario recoger información sobre la magnitud, amplitud y características de la violencia.

2. Investigar las causas y factores que inciden sobre la violencia.

3. Explorar diferentes vías para prevenir la violencia. Para esto se utiliza la información obtenida para diseñar, implementar, monitorear y evaluar intervenciones.

4. Implementar las intervenciones que sean más costo-efectivas para prevenir la violencia.

Durante la primera fase en la que se pretende conocer los diferentes aspectos de la violencia, el modelo salubrista se puede nutrir de otros modelos para comprender mejor el fenómeno de la violencia en todas sus dimensiones (Krug y cols., 2003). Uno de estos modelos es el ecológico, el cual le proporciona al modelo salubrista una forma de comprender la conducta humana al considerar la violencia como el producto de múltiples niveles de influencia (Krug y cols., 2003). El modelo ecológico consiste de cuatro niveles de influencia que se relacionan entre si según se puede observar en la Figura 4.3. Los cuatro niveles de influencia que componen el modelo ecológico son: el individual, el relacional, el comunitario y el social (Krug y cols., 2003).

A nivel individual, se busca identificar los factores biológicos y el historial personal que influyen en los comportamientos violentos (Krug y cols., 2003). En este nivel se exploran factores como el abuso de dro-

81

Figura 4.3: Modelo ecológico para comprender la violencia

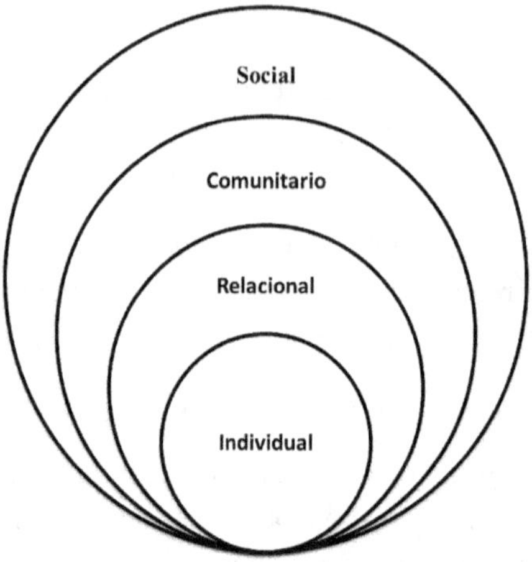

Fuente: Informe mundial sobre la violencia y salud, OPS (2003)

gas, antecedentes violentos, maltrato infantil y la deserción escolar (Krug y cols., 2003). En el segundo nivel se examinan las relaciones con las personas más cercanas y como estas podrían aumentar el riesgo de convertirse en víctimas o cometer actos violentos (Krug y cols., 2003). El modelo ecológico también explora como el entorno comunitario incide en la probabilidad de convertirse en víctimas o perpetradores de actos violentos. En esta tercera etapa se examina el lugar de trabajo, las características de las escuelas y la comunidad (Krug y cols., 2003). Por lo general, las comunidades con alto nivel de tráfico de drogas, desempleo y que permanecen aisladas socialmente experimentan mayores niveles de violencia (Krug y cols., 2003).

El cuarto y último nivel del modelo ecológico examina los factores sociales que tienen relación con los niveles de violencia. En este grupo de factores se encuentran la facilidad de portar armas, las políticas de salud y educación, entornos sociales donde se apoyen y propicien los conflictos políticos, y normas que promuevan el dominio masculino sobre las mujeres, entre otras (Krug y cols., 2003).

4.4.1. Intervenciones

Según mencionado anteriormente, el modelo salubrista descansa básicamente en las estrategias de prevención. De acuerdo a la Organización Mundial de la Salud (2003), existen tres niveles de prevención. Cada uno de estos niveles se destaca principalmente por el momento en que se interviene con la población.

En primer lugar se identifican las intervenciones dirigidas a prevenir la violencia antes de que ocurra. Este tipo de intervención se conoce comúnmente como intervención primaria (Krug y cols., 2003). Muchas veces este tipo de intervención se enfoca en la población en general, independientemente del nivel de riesgo de cada uno de las personas (Krug y cols., 2003). Ejemplos de este tipo de intervención son las campañas de prevención en los medios de comunicación o en las escuelas (Krug y cols., 2003).

Inmediatamente luego de que ocurra algún acto de violencia, es necesario que se realicen las intervenciones de prevención secundaria (Krug y cols., 2003). Ejemplos de este tipo de intervención son los servicios hospitalarios y los tratamientos de las enfermedades de transmisión sexual después de una violación (Krug y cols., 2003).

El tercer nivel de intervención se conoce como la prevención terciaria y se concentra en la atención a largo plazo luego de haber ocurrido el acto violento (Krug y cols., 2003). Un ejemplo de este tipo de intervención es la rehabilitación y reintegración de los criminales en la comunidad (Krug y cols., 2003).

4.5. Propuesta para reducir la violencia

Hasta ahora se han presentado las principales características del modelo salubrista para prevenir la violencia. Es necesario reconocer la amplitud de este modelo de intervención salubrista donde la medicalización de las drogas es solamente una de las muchas estrategias a ser usadas a un nivel terciario de prevención. Lo que se debe buscar es evitar que las personas lleguen a utilizar las drogas ilegales mediante intervenciones de prevención primarias.

Reconociendo como el modelo salubrista puede aportar al conocimiento de la violencia y haciendo la salvedad que no es el único método que se debe utilizar para lidiar con este problema, se presenta una propuesta para atender la violencia en Puerto Rico a largo plazo. La primera parte de esta propuesta proviene de un documento presentado por Rafael Pleitez Chávez[2] (2006) titulado *Violencia y criminalidad en El Salvador: Obstáculo para el desarrollo.* Muchas de las estrategias sugeridas por Pleitez (2006) se podrían implementar en Puerto Rico. A tales efectos se examinarán de manera breve algunas de estas propuestas.

Para que estas estrategias tengan éxito es necesario establecer una alianza entre el gobierno y la sociedad civil. En adición a esto, los encargados de establecer las políticas públicas deberán tener la voluntad de impulsar una estrategia integral para combatir el crimen y la violencia que involucre a todos los sectores (Pleitez Chavez, 2006).

A continuación se presentan las políticas públicas que reducirían los niveles de violencia en el país. Aquellas basadas en algunas de las propuestas que realizó Rafael Pleitez (2006) se resaltan en **negrillas**:

---

[2]Directo de la Fundación Salvadoreña para el Desarrollo Económico y Social (FUSADES)

1. **Mejorar el sistema de estadísticas criminales**. La falta de información es un obstáculo para conocer la magnitud del problema de la violencia y criminalidad en Puerto Rico. Es necesario un sistema de estadísticas criminales unificado y confiable. Para esto, la Policía de Puerto Rico debe comenzar a publicar estadísticas de todos los delitos cometidos en Puerto Rico y no solamente de los delitos Tipo I como es la práctica. También será necesario eliminar cualquier sistema existente de compensación por mérito en la Policía de Puerto Rico, con el fin de reducir o eliminar la práctica de no incluir todos los delitos en los informes estadísticos de la Policía de Puerto Rico.

2. **Profesionalizar a la policía y fortalecer sus capacidades de investigación criminal**. La Policía de Puerto Rico necesita hacer un mejor uso o ser más efectivos con los recursos económicos y humanos que tienen disponibles. Parte de los recursos se deben utilizar para desarrollar un sistema de capacitación continua para los oficiales de la policía que permita mejorar la capacidad de investigación criminal de este cuerpo.

3. **Mejorar la coordinación en el Sistema de Justicia**. Esto es necesario para incrementar la probabilidad de arresto y condena de los criminales en Puerto Rico. Una mayor coordinación mejorará las investigaciones y ayudará a combatir con mayor eficiencia el crimen. A su vez, se podrá mejorar la confianza del pueblo en la capacidad del Sistema de Justicia del país para combatir la criminalidad.

4. **Promover la participación ciudadana**. Los municipios de Puerto Rico deberán tener un mayor rol en el desarrollo e implementación de políticas de seguridad. También es necesario mejorar la relación y confianza entre la comunidad y la policía, lo que permitirá una mayor cooperación de la ciudadanía en las investigaciones criminales.

5. **Invertir más en educación.** En el caso de Puerto Rico es importante maximizar el uso de los recursos económicos con el fin de mejorar los servicios educativos de los estudiantes puertorriqueños. La reducción en los niveles de natalidad presenta una gran oportunidad para tener salones de clases con menos cantidad de estudiantes. Esto ayudará a que los maestros le puedan proveer una mayor atención a las necesidades de cada uno de los alumnos. A la vez que podría mejorar la calidad de la enseñanza y disminuir la deserción escolar en las escuelas del país.

6. **Desarrollar estrategias para capacitar a los jóvenes.** De esta forma los jóvenes de Puerto Rico tendrán mejores oportunidades de empleo y podrán ser más productivos en el ambiente laboral.

7. **Establecer políticas para prevenir la participación de los jóvenes en hechos violentos.** Ha quedado establecido que la mayoría de las victimas de homicidio en el país son, por lo general, personas jóvenes del sexo masculino. Por tal razón, es importante dirigir los esfuerzos de prevención en este sector poblacional. Algunas de las consideraciones en este aspecto son las siguientes: a) asignar mayores recursos a la prevención de la violencia juvenil, b) articular todos lo esfuerzos de las instituciones y organizaciones encargadas de trabajar en la prevención de la violencia juvenil en el país y c) evaluar las intervenciones de manera tal que se adopten las de mayor impacto y que presenten mejores resultados.

8. **Establecer políticas para controlar la circulación y el uso de las armas de fuego.** En Puerto Rico la gran mayoría de los asesinatos y homicidios se cometen por armas de fuego. La portación de armas de fuego es un factor de riesgo y se debe controlar, sobre todo en lugares públicos. La inspección de los furgones por parte del Gobierno de Puerto Rico es un buen ejemplo de algunas de las iniciativas necesarias para controlar

la entrada de armas de fuego ilegales al país. No obstante, también es necesario sensibilizar a la población sobre el riesgo de portar armas de fuego, así como la aprobación de nueva legislación que contemple aumentar las multas y penalidades para los infractores de la ley de armas de fuego.

9. **Recuperar los espacios públicos e invertir en infraestructura.** Estos espacios son necesarios para que la población, en especial los jóvenes, puedan utilizarlos en su tiempo libre. Esto incluye centros deportivos, bibliotecas, parques y otras facilidades que ofrezcan oportunidad de recreación. Hay que asegurarse que estas facilidades estén accesibles para toda la población, incluyendo las personas de bajos ingresos.

La idea de que la violencia es un problema de salud pública es nueva para muchos políticos y va en contra de la creencia de que la violencia es un problema de índole delictivo. La idea de que la violencia puede prevenirse también puede resultar nueva o dudosa a los encargados de tomar decisiones de política pública.

Siguen siendo muchos los que opinan que los métodos tradicionales del sistema de justicia penal son los únicos que funcionan y se resisten a estudiar y adoptar otras iniciativas. Ciertamente, examinar y poner a prueba estrategias novedosas, que no sean unicamente la vigilancia policíaca y la seguridad pública requiere de gran voluntad y valentía política. Uno de los mayores obstáculos al que se enfrenta el pueblo de Puerto Rico para combatir la epidemia de la violencia es la situación de polarización política en donde se usa el tema de seguridad para intereses electorales.

La solución al problema de la violencia requiere de la atención a sus determinantes estructurales, los cuales son múltiples y complejos. Pero, aunque esta acción debe tener un carácter inmediato, también requiere de una perspectiva de largo alcance, con una visión de Estado. A tales fines es necesario:

- Enfrentar el problema de la violencia en forma integral y dejar de utilizar el tema para adelantar intereses electorales.

- Crear un consejo consultivo para la lucha contra la violencia, con representación gubernamental y no gubernamental, incluyendo a la sociedad civil, que sea capaz de influir en la creación de un programa nacional de lucha contra la violencia.

- Reconocer que la violencia tiene una clara repercusión sobre el curso de la economía; por lo cual resulta lógica la participación creciente que sobre este problema ha manifestado el sector privado.

- Considerar las muertes violentas como un problema prioritario de salud. Para esto es necesario establecer un Sistema de Vigilancia de Lesiones y Muertes Violentas. El Instituto de Estadística (2011) ha brindado información sobre como estos sistemas han sido de utilidad para tomar decisiones informadas sobre esta problemática en Colombia y algunos estados de Estados Unidos. A su vez, es recomendable realizar encuestas de victimización para obtener un cuadro completo de la magnitud de la violencia en el país (Instituto de Estadísticas de Puerto Rico, 2011).

- Analizar la pertinencia de incrementar la atención a las víctimas de la violencia. Para esto es necesario modernizar la infraestructura y adecuar la ubicación de las instituciones hospitalarias y centros ambulatorios en las áreas con mayor incidencia. Además de los servicios psicológicos y de apoyo a las víctimas, debe recordarse que la persona sobreviviente de la violencia también puede sufrir discapacidades físicas. Por tanto, necesita de la rehabilitación, la cual juega un papel muy importante en su rencuentro consigo mismo y en su reintegración a la sociedad.

- Diseñar programas de salud pública que reconozcan las múltiples dimensiones de la violencia, con la efectividad necesaria para prevenir su crecimiento. Estos programas deberán incluir actividades cuyas capacidades se encuentren ampliamente comprobadas para reducir el crecimiento de la violencia.

- Reconocer la educación como un factor esencial y primordial en contra de la violencia. Esto debe concebirse no sólo como un instrumento de instrucción, sino como una herramienta fundamental en la generación de valores y principios, así como un procedimiento de socialización que haga al buen ciudadano un guardián de la seguridad colectiva.

  Dado que la violencia es aprendida se pueden establecer programas de prevención de violencia en las escuelas. Un ejemplo exitoso de esto fue la implantación piloto del programa Segundo Paso en varias escuelas en Puerto Rico a través del antiguo Centro de Prevención de Violencia en Jóvenes Hispanos del Recinto de Ciencias Médicas. Este programa logró reducir la incidencia de comportamientos violentos en las escuelas participantes.

- Recordar el papel importante de la investigación. En este campo se deben promover y apoyar los trabajos sobre el tema, tanto los que ya se realizan desde diversas áreas del conocimiento (en salud pública, entre otras, sobre la violencia doméstica), como los que se inicien. De igual forma, se debe expandir el campo de estudio para ayudar a prevenir la muerte de los jóvenes.

A   Datos adicionales

Tabla A.1: Población por municipio y por ciento de cambio, Puerto Rico 2000 y 2010

Municipio	2010	2000	%	Municipio	2010	2000	%
Adjuntas	19,483	19,143	1.8	Juncos	40,290	36,452	10
Aguada	41,959	42,042	-0.2	Lajas	25,753	26,261	-1
Aguadilla	60,949	64,685	-5.8	Lares	30,753	34,415	-1(
Aguas Buenas	28,659	29,032	-1.3	Las Marías	9,881	11,061	-1(
Aibonito	25,900	26,493	-2.2	Las Piedras	38,675	34,485	12
Añasco	29,261	28,348	3.2	Loíza	30,060	32,537	-7
Arecibo	96,440	100,131	-3.7	Luquillo	20,068	19,817	1.
Arroyo	19,575	19,117	2.4	Manatí	44,113	45,409	-2
Barceloneta	24,816	22,322	11.2	Maricao	6,276	6,449	-2
Barranquitas	30,318	28,909	4.9	Maunabo	12,225	12,741	-(
Bayamón	208,116	224,044	-7.1	Mayagüez	89,080	98,434	-9
Cabo Rojo	50,917	46,911	8.5	Moca	40,109	39,697	1
Caguas	142,893	140,502	1.7	Morovis	32,610	29,965	8.
Camuy	35,159	35,244	-0.2	Naguabo	26,720	23,753	12
Canóvanas	47,648	43,335	10	Naranjito	30,402	29,709	2.
Carolina	176,762	186,076	-5	Orocovis	23,423	23,844	-1
Cataño	28,140	30,071	-6.4	Patillas	19,277	20,152	-4
Cayey	48,119	47,370	1.6	Peñuelas	24,282	26,719	-9
Ceiba	13,631	18,004	-24.3	Ponce	166,327	186,475	-1(
Ciales	18,782	19,811	-5.2	Quebradillas	25,919	25,450	1.
Cidra	43,480	42,753	1.7	Rincón	15,200	14,767	2.
Coamo	40,512	37,597	7.8	Río Grande	54,304	52,362	3.
Comerío	20,778	20,002	3.9	Sabana Grande	25,265	25,935	-2
Corozal	37,142	36,867	0.7	Salinas	31,078	31,113	-0
Culebra	1,818	1,868	-2.7	San Germán	35,527	37,105	-4
Dorado	38,165	34,017	12.2	San Juan	395,326	434,374	-(
Fajardo	36,993	40,712	-9.1	San Lorenzo	41,058	40,997	0.
Florida	12,680	12,367	2.5	San Sebastián	42,430	44,204	-(
Guánica	19,427	21,888	-11.2	Santa Isabel	23,274	21,665	7.
Guayama	45,362	44,301	2.4	Toa Alta	74,066	63,929	15
Guayanilla	21,581	23,072	-6.5	Toa Baja	89,609	94,085	-4
Guaynabo	97,924	100,053	-2.1	Trujillo Alto	74,842	75,728	-1
Gurabo	45,369	36,743	23.5	Utuado	33,149	35,336	-6
Hatillo	41,953	38,925	7.8	Vega Alta	39,951	37,910	5.
Hormigueros	17,250	16,614	3.8	Vega Baja	59,662	61,929	-3
Humacao	58,466	59,035	-1	Vieques	9,301	9,106	2.
Isabela	45,631	44,444	2.7	Villalba	26,073	27,913	-6
Jayuya	16,642	17,318	-3.9	Yabucoa	37,941	39,246	-3
Juana Díaz	50,747	50,531	0.4	Yauco	42,043	46,384	-9

Fuente: Fuente: Negociado del Censo de los EEUU, Censos 2000 y 2010

92

Tabla A.2: Principales causas de muertes, Puerto Rico 2000 y 2008

Causas de muerte	2008 Pos.	Cant.	Tasa Cruda	Tasa Ajus	2000 Pos.	2000 Ajust
Todas las Causas	—	29,100	735.9	694.6	—	850.5
Enfermedades del corazón	1	5,356	135.4	126.4	1	189.2
Tumores Malignos	2	5,008	126.6	117.7	2	138.9
Diabetes Mellitus	3	2,852	72.1	67	3	69.7
Enfermedad de Alzheimer	4	1,591	40.2	38	9	23.7
Enfermedades Cerebrovasculares	5	1,529	38.7	36.4	4	49.9
Enf. Crónicas de las Vías Respiratorias	6	1,200	30.3	28.7	6	35.9
Accidentes	7	1,097	27.7	27.1	5	40.3
Nefritis, nefrosis y síndrome nefrótico	8	1,058	26.8	25	8	23
Influenza y neumonía	9	949	24	22.6	7	30.9
Septicemia	10	861	21.8	20.7	10	21.8

Fuente: Instituto de Estadísticas de Puerto Rico (2010), Nuevas Estadísticas de Mortalidad

REFERENCIAS

Alvarado-León, G. E. (2011, Mayo). La Guagua va en reversa. *El Nuevo Día*.

Companía de Fomento Industrial de Puerto Rico. (2010). *Tendencias del Empleo Manufacturero en Puerto Rico y Estados Unidos*. Oficina de Planificación Estratégica y Economía. Estado Libre Asociado de Puerto Rico.

Departamento de Salud. (2011). *Datos de Nacimientos 2000-2010*. (Datos provistos por la División de Análisis Estadístico de la Secretaría Auxiliar de Planificación y Desarrollo)

Eberstadt, N. (2004). The emptying of Russia. *Washington Post, 13*.

Flesher, J. (2010). *Michigan, The Only State to Lose Population in the 2010 Census*. Disponible en http://www.myfoxdetroit.com/dpp/news/local/michigan-the-only-state-to-lose-population-in-the-2010-census

Fortaleza, D. de. (1985). Organización Mundial de la Salud. *Tecnología apropiada para el parto. Recomendaciones de la OMS sobre el nacimiento. Publicada en Lancet, 2*, 436–437.

Instituto de Ciencias Forenses. (2012). *Estadísticas de Homicidios 1990-2011*. Disponible en http://www.icf.gobierno.pr/

Instituto de Estadísticas de Puerto Rico. (2010a). *Nuevas estadísticas de mortalidad, 2000-2008.* San Juan, Puerto Rico. Disponible en www.estadisticas.gobierno.pr

Instituto de Estadísticas de Puerto Rico. (2010b). *Perfil de Tendencias Migratorias, 2000-09.* San Juan, Puerto Rico. Disponible en www.estadisticas.gobierno.pr

Instituto de Estadísticas de Puerto Rico. (2011). *Informe sobre comparabilidad de estadísticas de asesinatos y homicidios.* San Juan, Puerto Rico. Disponible en http://www.estadisticas.gobierno.pr

Junta Constitucional de Revisión de Distritos Electorales Senatoriales y Representativos. (2011). *Principios para la Revisión de los Distritos Senatoriales y Representativos.* Disponible en https://www.redistribucionelectoral2010.pr

Junta de Planificación de Puerto Rico. (s.f.). *Indicadores Económicos de Puerto Rico.* Programa de Planificación Económica y Social, Subprograma de Estadísticas. Estado Libre Asociado de Puerto Rico. Base de datos en www.jp.gobierno.pr.

Junta de Planificación de Puerto Rico. (2001-2010a). *Activos Financieros de las Personas.* Programa de Planificación Económica y Social, Subprograma de Estadísticas. Estado Libre Asociado de Puerto Rico.

Junta de Planificación de Puerto Rico. (2001-2010b). *Deuda de los Consumidores.* Programa de Planificación Económica y Social, Subprograma de Estadísticas. Estado Libre Asociado de Puerto Rico.

Junta de Planificación de Puerto Rico. (2001-2010c). *Deuda Pública Bruta de Puerto Rico.* Programa de Planificación Económica y Social, Subprograma de Estadísticas. Estado Libre Asociado de Puerto Rico.

Junta de Planificación de Puerto Rico. (2001-2010d). *Exportaciones de Mercancía Registrada por Sistema de Clasificación Industrial de América del Norte (SCIAN).* Programa de Planificación

Económica y Social, Subprograma de Estadísticas. Estado Libre Asociado de Puerto Rico.

Junta de Planificación de Puerto Rico. (2001-2010e). *Gastos de Consumo Personal por Tipo Principal de Producto.* Programa de Planificación Económica y Social, Subprograma de Estadísticas. Estado Libre Asociado de Puerto Rico.

Junta de Planificación de Puerto Rico. (2001-2010f). *Gastos de Consumo Personal por Tipo Principal de Producto, A Precios Constantes de 1954*. Programa de Planificación Económica y Social, Subprograma de Estadísticas. Estado Libre Asociado de Puerto Rico.

Junta de Planificación de Puerto Rico. (2001-2010g). *Ingreso Personal.* Programa de Planificación Económica y Social, Subprograma de Estadísticas. Estado Libre Asociado de Puerto Rico.

Junta de Planificación de Puerto Rico. (2001-2010h). *Ingresos Netos al Fondo General del Gobierno de Puerto Rico.* Programa de Planificación Económica y Social, Subprograma de Estadísticas. Estado Libre Asociado de Puerto Rico.

Junta de Planificación de Puerto Rico. (2001-2010i). *Inversión Interna Bruta de Capital Fijo.* Programa de Planificación Económica y Social, Subprograma de Estadísticas. Estado Libre Asociado de Puerto Rico.

Junta de Planificación de Puerto Rico. (2001-2010j). *Número y Gastos de Visitantes en Puerto Rico.* Programa de Planificación Económica y Social, Subprograma de Estadísticas. Estado Libre Asociado de Puerto Rico.

Junta de Planificación de Puerto Rico. (2001-2010k). *Producto Bruto A Precios Constantes de 1954.* Programa de Planificación Económica y Social, Subprograma de Estadísticas. Estado Libre Asociado de Puerto Rico.

Junta de Planificación de Puerto Rico. (2001-2010l). *Producto Bruto y Producto Interno Bruto por Sector Industrial Principal.* Programa de Planificación Económica y Social, Subprograma de

Estadísticas. Estado Libre Asociado de Puerto Rico.

Junta de Planificación de Puerto Rico. (2001-2010m). *Producto Nacional Bruto.* Programa de Planificación Económica y Social, Subprograma de Estadísticas. Estado Libre Asociado de Puerto Rico.

Junta de Planificación de Puerto Rico. (2001-2010n). *Series Seleccionadas de Ingreso y Producto, Total y Per Cápita.* Programa de Planificación Económica y Social, Subprograma de Estadísticas. Estado Libre Asociado de Puerto Rico.

Krug, E., Dahlberg, L., Mercy, J., Zwi, A., y Lozano, R. (2003). Informe mundial sobre la violencia y la salud. *Washington: Organización Panamericana de la Salud, Oficina Sanitaria Panamericana, Oficina Regional de la Organización Mundial de la Salud.*

Lorenzo, L. (2004). Consecuencias del envejecimiento de la población: el futuro de las pensiones. *Indicadores Sociales de España, 2004*, 73–92.

Lumbiganon, P., Laopaiboon, M., Taneepanichskul, S., Ruyan, P., Attygalle, D., Shrestha, N., y cols. (2010). Method of delivery and pregnancy outcomes in Asia: the WHO global survey on maternal and perinatal health 2007-08. *The Lancet, 375*(9713), 490–499.

Naciones Unidas. (2003). *Principios y recomendaciones para un sistema de estadísticas vitales.* Naciones Unidas.

Negociado del Censo de los EEUU. (2011a). *American Fact Finder.* Disponible en http://factfinder2.census.gov/faces/nav/jsf/pages/index.xhtml

Negociado del Censo de los EEUU. (2011b). *Congressional Apportionment.* Disponible en http://www.census.gov/prod/cen2010/briefs/c2010br-08.pdf

Negociado del Censo de los EEUU. (2011c). *Estima-*

dos Intercensales de Puerto Rico (2000-2010). Disponible en `http://www.census.gov/popest/data/` `intercensal/puerto_rico/pr2010.html`

Oficina Nacional de Estadísticas República de Cuba. (2011). *Anuario de Estadísticas de Cuba.* Disponible en `http://www.one.cu/aec2010/20080618index.htm`

Pleitez Chavez, R. (2006). Violencia y criminalidad en El Salvador: Obstáculo para el desarrollo.

Policía de Puerto Rico. (2012). *Delitos Tipo I en Puerto Rico.* Disponible en `http://www.policia.gobierno.pr/`

Population Reference Bureau. (2010). *World Population Data Sheet 2010.* Disponible en `http://www.prb.org/pdf10/10wpds_eng.pdf`

Rodríguez-Ayuso, I. R. (2003). *Estudio de Prevalencia Sobre la Orientación y la Solicitud de Parto por Cesáreas de las Mujeres de Puerto Rico en Edad Reproductiva, 1990-1996.* Tesis de Master no publicada, Escuela Graduada de Salud Pública, Recinto de Ciencias Médicas, Universidad de Puerto Rico.

Rodríguez-Figueroa, J., y Irizarry-Castro, A. (2004). *El homicidio en Puerto Rico: Características y nexos con la violencia.* Universidad Pedro Albizu.

Sánchez, C. D. (2010). Compromiso Social de la Gerenontología. En *III Congreso Internacional de Gerontología.*

Schoeni, R., y Ofstedal, M. (2010). Key themes in research on the demography of aging. *Demography, 47,* 5–15.

Swanson, D., y Siegel, J. (2004). *The methods and materials of demography.* Academic Press.

Velázquez-Estrada, A. L. (2011). *Muertes violentas en Puerto Rico: su impacto sobre la esperanza de vida 2000-2008.* Tesis de Master no publicada, Escuela Graduada de Salud Pública, Recinto de Ciencias Médicas, Universidad de Puerto Rico.

Zaidi, A. (2008). *Características y retos del envejecimiento de la población: La perspectiva europea.* EuropEan CEntrE. Documento electrónico hallado en: http://www. euro. centre. org/data/1242392033_86769. pdf.

ÍNDICE ALFABÉTICO

101